MOTIVATIONALER ENNEAGRAMM-TYPENTEST

UMFASSENDER UND TIEFGEHENDER ENNEAGRAMMTEST IN 100 FRAGEN AUS 100 LEBENS- UND THEMENBEREICHEN

DETLEF RATHMER

*ERKENNE
DEINE
WAHRE*
MOTIVATION!
*ERKENNE
DICH
SELBST!*

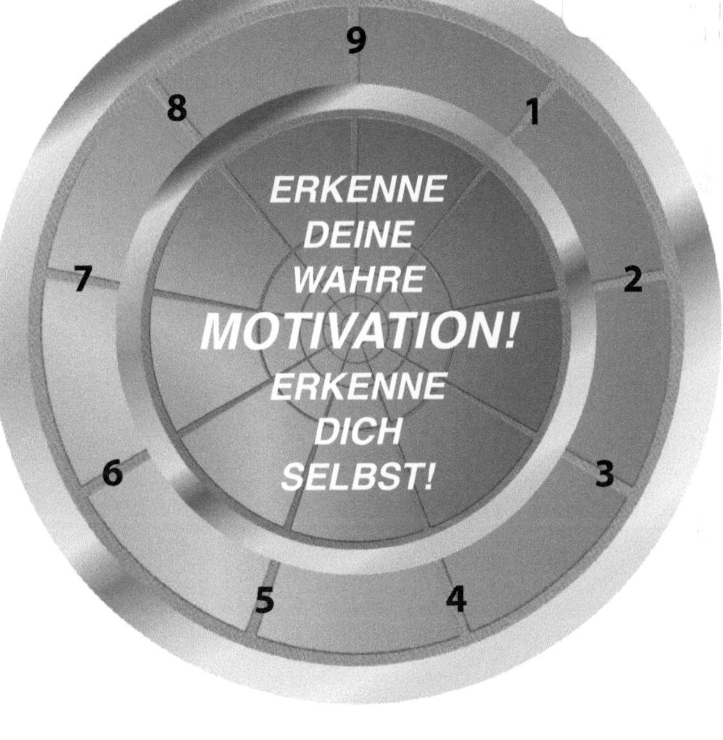

WER SIND SIE?
WAS TREIBT SIE IM LEBEN AN?
FINDEN SIE DEN WAHREN KERN IHRER PERSÖNLICHKEIT,
IHREN WAHREN ENNEAGRAMMTYP, HERAUS UND
LEBEN SIE DANN EIN BEWUSSTES UND ERFÜLLENDES LEBEN!

1. AUFLAGE JULI 2019

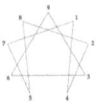

Bibliographische Information der Deutschen Nationalbibliothek

Die Deutsche Nationalbibliothek verzeichnet diese Publikation in der Deutschen Nationalbibliografie; detaillierte bibliographische Daten sind im Internet über **www.dnb.de** abrufbar.

QR-Code Verlagshaus Rathmer:

Herstellung und Verlag: Books on Demand, Norderstedt

© (Copyright) Detlef Rathmer

ISBN: 9783746062914

Lektorat, Endkorrektorat, mediale Gesamtgestaltung: Detlef Rathmer

Kreative Unterstützung: David L. Rathmer

Technische Unterstützung: Jonah S. Rathmer

Homepage Verlagshaus Rathmer: www.verlagshaus-rathmer.com

Detlef Rathmer
Molkereiweg 9
48727 Billerbeck
Tel.: 02543/931 85 07
Email: 9Rathmer@gmail.com

1. Einführung

Mit dem **motivationalen Enneagramm-Typentest** sind Sie in der Lage, Ihren Enneagramm-typ sicher und zuverlässig bestimmen zu können. Würde ich allerdings behaupten, dass sich mit diesem Enneagrammtest der jeweilige Enneagrammtyp absolut und 100-prozentig zuverlässig und damit garantiert sicher bestimmen lässt, dann entspräche diese Aussage jedoch sicher nicht ganz der Wahrheit. Denn theoretisch kann ein Test noch so gut kon-zipiert sein, in der Praxis der Anwendung stößt man bei allen noch so guten Enneagramm-testen auf ein wesentliches, von vielen Testanwendern leider oft nicht wahrgenommenes zentrales Hindernis: *Das wahrnehmende subjektive Bewusstsein jedes Menschen mit einer mehr oder weniger verzerrten Sichtweise, welches mehr oder weniger bewusst die Welt wahrnimmt!* Als Menschen unterliegen wir ohne Ausnahme einer gewissen Subjektivität und jeder Mensch blickt aufgrund seines **sog. blinden Fleckes** *für die eigenen psychologischen Anteile* unbewusst durch die *Brille seines eigenen Enneagrammtyps*, wodurch sich die eigene Wahrnehmung mitunter stark verzerren, verfärben oder verändern kann. Diese leider bei jedem Menschen und Testanwendern variable Unschärfe kann allerdings so gut wie möglich durch eine *Vielzahl sehr unterschiedlicher Fragen aus allen Lebens- und Themenbereichen*, wie Sie sie hier in diesem Typentest mit insgesamt **100 Testfragen** vorfinden, minimiert werden. Auf diese Weise liefert Ihnen dieser *motivationsbezogene Enneagramm-Typentest* damit sozusagen einen der *wichtigsten Schlüssel zur Selbsterkenntnis über Ihren Enneagrammtyp* und gleich-zeitig über Ihre *wahre Motivation als Mensch*. Der *zweite Hauptschlüssel zur Erkenntnis Ihres eigenen Enneagrammtyps* heißt ACHTSAMKEIT. Achtsamkeit ist wie immer im Leben auch bei diesem Test der Schlüssel zu einem möglichst zuverlässigen Testergebnis. Seien Sie also bei der Beantwortung der 100 Testfragen dieses Enneagrammtestes sehr ehrlich, versuchen Sie sich so bewusst wie möglich im sog. Hier-und-Jetzt zu sammeln, um die Fragen gewissen-haft und wirklich korrekt nach bestem Wissen und Gewissen zu beantworten. Kein anderer Mensch wird sie dabei stören, keiner hört Ihre Geheimnisse, seien Sie also während der Test-phase bitte sehr ehrlich zu sich selbst, ja, seien Sie möglichst Sie selbst. Und nehmen Sie sich wirklich genügend Zeit und versuchen Sie nicht, so schnell wie möglich das Testergebnis zu erhalten, sondern freuen Sie sich still auf das Ergebnis am Ende, was erfahrungsgemäß am zuverlässigsten ist, wenn man auf dem Weg dorthin nicht den Kopf und damit die Bewusstheit für den Augenblick verloren hat. Bedenken Sie: Der Weg ist das Ziel! Schaffen Sie sich also vor Beginn einen möglichst störfreien Raum und arbeiten Sie sich langsam und nicht zu ziel-orientiert durch diesen **motivationalen Enneagramm-Typentest**. Nur dann werden Sie eini-germaßen wertfrei zu einem verlässlichen Testergebnis kommen. Hilfreich ist es in diesem Zusammenhang z.B., vor jeder Frage einen bewussten tiefen Atemzug zu nehmen und sich innerlich für die anstehende Frage so achtsam und ungestört wie möglich zu öffnen. Tief ein-atmen - lange ausatmen und sich im Ausatmen möglichst entspannen, denn die nächste Einatmung kommt ohnehin mit Sicherheit auch ohne die eigene Willensanstrengung. Dabei richten Sie Ihre Aufmerksamkeit, Ihr waches Bewusstsein am besten auf den Atemvorgang an sich. Aus diesem Zustand heraus beginnen Sie dann, ein Verständnis für jede der einzelnen Fragen zu bekommen und das reicht dann auch vollkommen aus, um ein gutes, brauchbares und vor allem zuverlässiges Testergebnis zu erhalten. Einige Fragen werden leichter, einiger schwieriger zu beantworten sein - bitten Sie im letzteren Fall vertraute Personen um Mithilfe.

Dieser sorgfältig konzipierte Typentest nennt sich **„motivational"**, beruht also grundlegend auf der *menschlichen Motivation*. Denn zur korrekten Bestimmung des Enneagrammtyps ist es absolut notwendig, die *wahre essenzielle Grundmotivation* eines Menschen zu bestimmen. Dazu kann man die rein psychologischen *Handlungs- und Verhaltensmuster* eines Menschen nur bedingt heranziehen, sondern muss die hinter oder unterhalb der Handlung liegende *sog. Intrinsische Motivation* herausfinden. Aus diesem Grund gilt in Enneagramm-Fachkreisen der Ausspruch: *Das Verhalten ist nichts - die Motivation ist ALLES!* Die meisten Enneagramm-Typenteste basieren allerdings primär darauf, das Verhalten eines zu typisierenden Menschen in den Fokus zu rücken, sodass es immer wieder zu Fehltypisierungen kommen muss. Bei diesem *motivationalen Enneagramm-Typentest* liegt der *Fokus der 100 Testfragen* hingegen auf dem unterhalb des Verhaltens liegenden **motivationalen Grundstrukturen der Persönlichkeit**, also auf dem „Warum" der *spezifischen Verhaltens- und Handlungsmuster* von Menschen. Das macht ihn zu einem besonders zuverlässigen Typentest zur Bestimmung des eigenen Enneagrammtyps!

Wenn ein Enneagrammtest den Anspruch auf Zuverlässigkeit erheben möchte, dann ist es also mit Sicherheit ein motivationaler Typentest, weil er eben die tieferen Beweggründe eines Menschen mitberücksichtigt. Dennoch sollte man sich nicht blind auf das Testergebnis verlassen, denn ein solcher Test kann niemals „perfekt" sein, auch wenn man sich das noch so wünscht. Erst von Mensch zu Mensch, ggfs. im Krankheitsfall noch durch die Verordnung des entsprechenden Enneagramm-Heilmittels kann der Enneagrammtyp sicher bestimmt bzw. verifiziert werden. Daher sollte das Testergebnis immer unter Vorbehalt gesehen werden. Auf der anderen Seite kann das Ergebnis dieses Enneagramm-Typentestes dem Leser durchaus zuverlässig einen Weg aufzeigen, in gewisser Weise die Spreu vom Weizen zu trennen, um das Ergebnis nachfolgend durch weitere Selbsterkenntnisprozesse zu bestätigen. Die Zuverlässigkeit des Testergebnisses steht wie bereits oben ausführlich beschrieben im direkten Zusammenhang mit der eigenen Fähigkeit zur objektiven Selbstreflexion und der damit eng verbundenen Bereitschaft zur Ehrlichkeit gegenüber sich selbst. Bedauerlicherweise besitzt jeder Mensch, auch der noch so bewusste, mehr oder weniger den altbekannten „blinden Fleck" für eigene Bewusstseins- und Seelenanteile. Bei der Durchführung dieses Testes sollte uns das jedenfalls ständig bewusst sein, denn auch dieses Bewusstsein führt dann zu genaueren, zuverlässigeren Testergebnissen.

Möchten Sie also, dass das Endergebnis Ihres Testes *(siehe 5. Kapitel ab Seite 69)* zuverlässig ist, dann bekennen Sie Farbe und haben den Mut, zu sich selbst so ehrlich wie nur möglich zu sein!

Detlef Rathmer im Juli 2019

2. Inhaltsverzeichnis

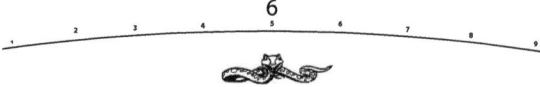

Vermeidungsstrategien der 9 Enneatypen, ihre Antriebe * und ihre Hauptleidenschaften (Innenkreis)

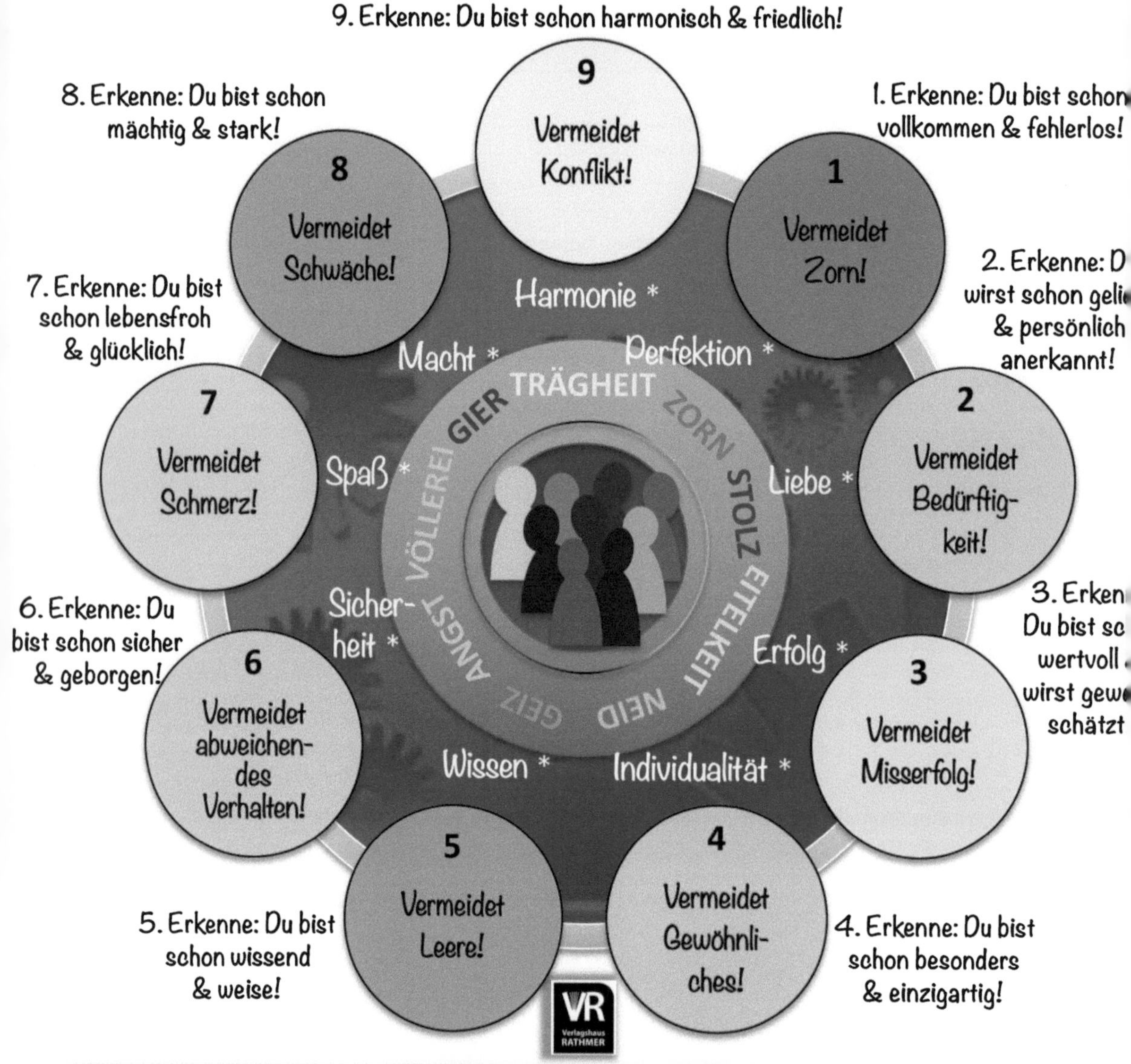

9. Erkenne: Du bist schon harmonisch & friedlich!

8. Erkenne: Du bist schon mächtig & stark!

1. Erkenne: Du bist schon vollkommen & fehlerlos!

7. Erkenne: Du bist schon lebensfroh & glücklich!

2. Erkenne: D wirst schon geli & persönlich anerkannt!

6. Erkenne: Du bist schon sicher & geborgen!

3. Erken Du bist sc wertvoll wirst gew schätzt

5. Erkenne: Du bist schon wissend & weise!

4. Erkenne: Du bist schon besonders & einzigartig!

9 Vermeidet Konflikt!

8 Vermeidet Schwäche!

1 Vermeidet Zorn!

7 Vermeidet Schmerz!

2 Vermeidet Bedürftigkeit!

6 Vermeidet abweichendes Verhalten!

3 Vermeidet Misserfolg!

5 Vermeidet Leere!

4 Vermeidet Gewöhnliches!

Harmonie *   Perfektion *
Macht *   Liebe *
Spaß *   Erfolg *
Sicherheit *   Individualität *
Wissen *

TRÄGHEIT   ZORN   STOLZ   EITELKEIT   NEID   GEIZ   ANGST   VÖLLEREI   GIER

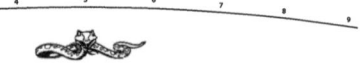

* Diese Antriebe stellen *die wahren Beweggründe eines Menschen* dar, nach denen er sich automatisch verhält, was ihm selbst aber nicht bewusst ist. Der jeweilige Enneatyp versucht dadurch einen Mangel, der tief in seinem Inneren versteckt ist, zu befriedigen, was kurzfristig auch oft gelingt. In der Wirklichkeit hält die Wirkung dieser Lebensstrategie auf Dauer aber nicht an und nur **Selbsterkenntnis über den eigenen Enneatyp** und dessen wahrem Antrieb und die Gabe des passendsten homöopathischen **Enneagramm-Heilmittels** kann zu einer **Befreiung durch Bewusstheit** führen.

4. Motivationaler Enneagramm-Typentest in 100 Fragen
(aus 100 Lebens- oder Themenbereichen)

Bewerten Sie bitte die nachfolgenden, alphabetisch geordneten **100 Lebens- oder Themenbereiche** nach den **zwei persönlich zutreffendsten Hauptmotiven**, indem Sie von den jeweils **9 Aussagen** der insgesamt 100 Testfragen **die zwei wichtigsten** (1 = sehr wichtig, 2 = am zweitwichtigsten) mit den **Zahlen 1 und 2** kennzeichnen:

THEMA Frage 1	Abwehrmechanismus — Die folgenden beiden Abwehrmechanismen sind mir in Bezug auf meine Person ehrlich gesagt besonders vertraut:	1 = sehr wichtig 2 = zweit- wichtig
F	Isolation, Rückzug, Analyse, Abkapselung, Segmentierung, Reduktion - Ich reduziere meine Gefühle und Impulse so stark, dass sie nicht mehr bedrohlich sind.	
Z	Verdrängung, Unterdrückung - Ich nehme meine Gefühle und Impulse zwar wahr, aber verdränge sie mehr oder weniger erfolgreich.	
A	Verleugnung, Ablehnung, Ignoranz - Ich nehme meine Gefühle und Impulse zwar wahr, aber ich ignoriere sie, wenn sie stören.	
X	Projektion - Ich projiziere meine Gefühle und Impulse nach außen.	
D	Identifikation - Ich bin mit Gefühlen und Impulsen vollkommen identifiziert.	
N	(Selbst-)Betäubung, zwanghaftes Denken - Ich betäube meine Gefühle und Impulse, die deshalb kaum oder gar nicht zugänglich sind.	
S	Rationalisierung - Ich nutze meinen Verstand und verargumentiere meine Gefühle und Impulse.	
V	Künstliche Sublimierung, Introjektion - Ich erhöhe und entfremde meine Gefühle und Impulse in Bildern und Metaphern.	
E	Reaktionskontrolle/unbewusste Reaktionsbildung - Ich verleugne meine Gefühle und Impulse, als ob sie nicht existieren würden.	

THEMA	Alarmzeichen	1 = sehr wichtig
Frage 2	**In unbewussten, stressigen Phasen meines Lebens gewinne ich vor allem folgende zwei Eindrücke (Alarmzeichen):**	2 = zweit-wichtig
A	Ich muss mehr Druck machen, damit sich etwas rührt!	
Z	Ich glaube, dass ich andere für mich gewinnen bzw. einnehmen muss!	
F	Ich flüchte aus der Realität in Gedanken, Ideen und geistige Welten!	
N	Ich glaube, dass ich auf den Zuspruch anderer angewiesen bin!	
D	Ich bin zunehmend auf gesellschaftliche Anerkennung aus!	
X	Ich mache mich von einer Leitfigur, einer Autorität abhängig!	
E	Ich spüre die Verpflichtung, alles selbst in Ordnung bringen zu müssen!	
V	Ich kreiere aus Nichts ein Drama und „genieße" die starken Gefühls-schwankungen in mir!	
S	Ich glaube dann, woanders auf jeden Fall etwas Besseres finden zu können!	

THEMA	Aufmerksamkeit in Beziehungen	1 = sehr wichtig
Frage 3	**In zwischenmenschlichen Beziehungen ist meine Aufmerk-samkeit besonders auf folgende zwei Punkte gerichtet:**	2 = zweit-wichtig
D	Anerkennung in Bezug auf Aufgaben und Leistungen.	
Z	Anerkennung für die eigene Person.	
A	Kontrolle der Beziehungspartner.	
X	Verborgene Absichten der anderen.	
N	Die Einstellung der anderen.	
E	Die Frage: Was ist an oder in der Situation richtig oder falsch?	
V	Das Beste im Abwesenden, das Schlechteste im Vorhandenen.	
S	Erfreuliche Alternativen.	
F	Die Frage: Was will der andere von mir? Privatsphäre?	

THEMA	Aufmerksamkeitsrichtungen	1 = sehr wichtig
Frage 4	Meine Aufmerksamkeit ist im Allgemeinen besonders auf folgende zwei Fragen gerichtet:	2 = zweit-wichtig
A	Wer gefährdet meine Kontrolle? Was ist verletzlich, verwundbar?	
D	Was ist effizient und erfolgreich?	
N	Was ist harmonisch? Was sind eure Positionen, Meinungen, Wünsche?	
Z	Was wird benötigt? Welche Bedürfnisse hast du?	
E	Was ist falsch und muss korrigiert werden?	
V	Was fehlt mir existenziell?	
X	Was kann schiefgehen, welche schlechten Absichten begegnen mir?	
F	Was ist beobachtbar? Welche Erwartungen überfordern mich?	
S	Was ist alles machbar, möglich, welche schönen Alternativen gibt es?	

THEMA	Aufmerksamkeitsschwerpunkte	1 = sehr wichtig
Frage 5	Mein besonderes Augenmerk, meine Energie richte ich vor allem auf folgende zwei Schwerpunkte:	2 = zweit-wichtig
S	Positives, erfreuliche Alternativen!	
D	Leistung, wer schenkt mir Anerkennung im Beruf?	
F	Anforderungen, die an mich gestellt werden, was will man von mir?	
X	Absichten anderer, welche verborgenen Intentionen besitzen andere?	
N	Einstellungen anderer, was denken die anderen?	
V	Das Gute im Fehlenden, das Schlechte im Vorhandenen!	
E	Richtig und falsch, was ist an einer Situation falsch?	
Z	Persönliche Anerkennung, wer erkennt mich als Mensch an?	
A	Kontrolle anderer, wen kann ich kontrollieren?	

THEMA	Aussagen anderer über mich	1 = sehr wichtig
Frage 6	Zwei Aussagen, die andere womöglich über mich treffen würden (und die mir u.U. seltsam vertraut sein könnten):	2 = zweit-wichtig
V	Verhindere nicht dein wahres Glück durch deine ständige Sehnsucht nach etwas nicht Vorhandenem!	
E	Du wirst dir und anderen mit deinen hohen Ansprüchen nicht gerecht!	
S	Blende in deinem Leben nicht immer nur alles Negative aus!	
D	Du wirst um deiner selbst willen geliebt!	
Z	Du bist nicht so selbstlos wie du glaubst, erwarte als von anderen keine Gegenleistung für deine Liebe und Fürsorge!	
A	Du musst nicht immer den Ton angeben!	
N	Nimm dich selbst und deine Bedürfnisse wichtig!	
F	Habe keine Angst vor Nähe und intensiven Beziehungen, deine Bedürfnisse sind o.k.!	
X	Fasse in ängstlichen Phasen deines Lebens Vertrauen in dich und die Welt und gib in mutigen Phasen den permanenten Kampf auf!	

THEMA	Äußerungen (nonverbal)	1 = sehr wichtig
Frage 7	In welchen beiden der folgenden nonverbalen Äußerungen erkenne ich mich am besten wieder?	2 = zweit-wichtig
S	strahlender, begeisterter Augenausdruck, lacht oder lächelt immer wieder, lebhaft und munter, meist positive Ausstrahlung	
V	erscheint energetisch mehr nach innen fokussiert und intensiv, feuchter, wässriger Augenausdruck, manchmal verloren wirkend, intensive, mitunter sehr elegante Erscheinung	
X	sich flink bewegende Augen, als ob sie den anderen „abtasten", erhöht wachsame, angespannte Körperhaltung, intensiv	
Z	oft abgerundete Schultern mit leicht eingefallener Brust, warmer Augenausdruck, Augen suchen den zwischenmenschlichen Kontakt, lächeln, um eine Verbindung zum anderen aufzubauen	

Fortsetzung Frage 7 siehe nächste Seite…

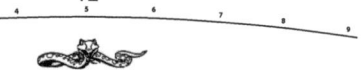

THEMA	Äußerungen (nonverbal)	1 = sehr wichtig
Frage 7	**In welchen beiden der folgenden nonverbalen Äußerungen erkenne ich mich am besten wieder?**	2 = zweit-wichtig
E	angespannter Kiefer, der den Zorn zurückhält, selbstkontrollierte, aufrechte Körperhaltung („Stock verschluckt!")	
N	minimaler Gesichtsausdruck, gelassener Augenausdruck, bewegungslos, entspannte, lässige, aber zugewandte Körperhaltung	
A	autoritär-dominant und stark wirkend mit intensiver physischer Präsenz, geerdet, beinah unbeweglich, direkter Augenkontakt mit festem, kontrollierendem Blick	
D	Schultern mehr horizontal ausgerichtet als gerundet, energetische Aufmerksamkeit bündelt sich im Gesicht sowie im Oberkörper, selbstsicheres, fokussiertes Auftreten	
F	Augenausdruck wissend und nachdenklich nach innen fokussiert, so als ob man sich selbst beobachtet, Kopf scheint energetisch vom Körper unabhängig („wie eine Boje auf dem Meer schwimmt"), wenig geerdet, häufiges Kopfnicken	

THEMA	Äußerungen (verbal)	1 = sehr wichtig
Frage 8	**In welchen beiden der folgenden verbalen Äußerungen erkenne ich mich am besten wieder?**	2 = zweit-wichtig
S	schnelle, spontane Sprache, euphorische, optimistische Wortwahl, spannende Geschichten erzählend	
V	teilt anderen oft persönliche Dinge mit, häufiger Gebrauch der Wort „ich", „mein", „meins", „was mich betrifft" etc., wohlüberlegt	
X	zögerlicher oder nachdenklicher Sprachausdruck, häufiger Gebrauch von zweifelnden Fragen, z.B. „Was wäre wenn?", abstrakter Sprachgebrauch	
Z	häufige Fragen an andere, sanfte Stimme, außer wenn verärgert, macht Komplimente und schmeichelt anderen	
E	nutzt wiederholt beurteilende, unbedingte Worte, z.B. „sollte", „müsste", „richtig", „falsch", „muss", „würde ich am besten" etc., äußert häufig Meinungen, benutzt eine sehr präzise Sprache	

Fortsetzung Frage 8 siehe nächste Seite ...

THEMA Frage 8	Äußerungen (verbal) In welchen beiden der folgenden verbalen Äußerungen erkenne ich mich am besten wieder?	1 = sehr wichtig 2 = zweitwichtig
F	langatmige, erkenntnisreiche Ausführungen (wenn er thematisch Bescheid weiß), meistens aber eher still statt gesprächig, minimalistischer Sprachgebrauch	
A	derbe, vulgäre Ausdrucksweise, körperorientierter Humor, kurze, einfach Sätze, gibt Befehle und kontrolliert die Umgebung verbal	
D	möchte verbal schnell zum Thema/Punkt kommen, logische, klare und präzise Sprache, stellt Ideen häufig in drei (oder wenigen) Schritten effektiv dar	
N	Gibt sehr detaillierte Informationen, benutzt zustimmende, beschwichtigende Worte wie „okay", „verstehe", „ach so" etc., antwortet vollständig, langsam, ausführlich und gleichförmig	

THEMA Frage 9	Autofahrstil Die folgenden zwei Fahrstile sind mir alles in allem gesehen am vertrautesten und persönlich auch am liebsten:	1 = sehr wichtig 2 = zweitwichtig
Z	rücksichtsvoll, partnerschaftlich, nachgiebig	
X	ängstlich-defensiv, zögerlich oder einschüchternd, sicher	
F	nachdenklich, beobachtend, defensiv-zurückhaltend	
E	schnell-offensiv, regelgerecht, distanziert-kritisch	
D	schnell-reagierend, sportlich-elegant, überholend, fokussiert	
S	forsch-übermütig, lebendig, freundlich, schnell	
N	langsam-defensiv, kontinuierlich, sanft-bequem, auf Autopilot	
A	Stärke zeigend, dominant, kontrollierend, oft zu schnell	
V	elitär-eingebildet, gefühlvoll-suchend, verinnerlicht-individuell	

THEMA	Autokauf	1 = sehr wichtig
Frage 10	**Die beiden wichtigsten Gründe beim Kauf eines privaten PKWS sind für mich:**	2 = zweit-wichtig
N	unauffälliger, bequemer Komfort	
A	PS-starkes Auto, mit dem man gut überholen kann	
S	Fahrvergnügen	
X	Sicherheit	
F	Wirtschaftlichkeit, Sparsamkeit	
V	Einzigartigkeit, Ausgefallenheit	
D	schicke, sportliche, beeindruckende Form (Image)	
Z	Geräumigkeit (viel Platz für Familie und Gegenstände)	
E	perfekte Technik und qualitativ hochwertige Verarbeitung	

THEMA	Autotypen	1 = sehr wichtig
Frage 11	**Welche beiden Autotypen-Kategorien bevorzuge ich persönlich unabhängig von meiner aktuellen Lebenssituation?**	2 = zweit-wichtig
F	Oldtimer	
S	Cabrio	
X	Kleinwagen oder SUV	
D	Sportwagen	
E	Limousine (elegant)	
A	Geländewagen mit viel PS	
Z	Wohnmobil	
V	Sondermodell	
N	Kombi (nützlich, zweckmäßig)	

THEMA	Bedrohungen (subjektiv empfunden)	1 = sehr wichtig
Frage 12	**Welche beiden Bedrohungen des Lebens stellen für mich eine besondere Herausforderung dar?**	2 = zweit-wichtig
E	Vollkommenheit bedroht	
N	Dasein bedroht	
F	Sicherheit bedroht	
Z	Bedürfnis(se) bedroht	
A	Kontrolle bedroht	
D	Selbstwert bedroht	
S	(Lebens)Genuss bedroht	
X	(Selbst)Vertrauen bedroht	
V	Selbst bedroht	

THEMA	Bedürfnisse (subjektiv empfunden)	1 = sehr wichtig
Frage 13	**Welche beiden Bedürfnisse in meinem Leben sind für mich von sehr zentraler Bedeutung?**	2 = zweit-wichtig
X	nach Geborgenheit, nach Sicherheit	
Z	nach geliebt werden, nach Liebe, unentbehrlich zu sein	
E	Recht haben, integer, gut, tugendhaft zu sein	
F	die Welt verstehen zu können, nach Kompetenz	
V	sich selbst verstehen zu können, ein Jemand mit Bedeutung zu sein	
N	Einheit und Harmonie, seinen Seelenfrieden zu haben	
D	von anderen anerkannt zu werden, nützlich, beliebt, begehrt zu sein	
S	nach Befriedigung, nach Glück und Erfüllung	
A	Selbstständigkeit, sich zu schützen	

THEMA	Berufsausübung	1 = sehr wichtig
Frage 14	In meinem Beruf sind mir folgende zwei Aspekte von besonderer Bedeutung:	2 = zweit-wichtig
E	Weltverbesserung	
F	Fachwissen und Können	
N	entspannte Tätigkeit oder Routinearbeit	
Z	Lebenshilfe für andere	
V	geistige Berufung	
S	planbare Selbstverwirklichung oder abwechslungsreiche Tätigkeit	
A	Autoritätsausübung/Kontrolle über andere	
D	gesellschaftlicher Status	
X	sicheres Arbeitsverhältnis	

THEMA	Besondere Abneigungen	1 = sehr wichtig
Frage 15	In meinem Leben gibt es zwei nachfolgende Bereiche, wogegen ich persönlich eine ganz besondere Abneigung besitze:	2 = zweit-wichtig
Z	nicht anerkannt werden, Abweisung, unfreundliches, unaufmerksames Verhalten	
A	mangelnder Respekt, Ungerechtigkeit, sich unterordnen müssen	
N	Uneinigkeit, Diskussion, Veränderungen, Spannungen	
E	sparsame Ausführung, Laxheit, Verantwortungslosigkeit	
D	Ineffizienz, Versagen, Gesichtsverlust	
V	was andere scheinbar haben, mangelnde Sensibilität, Alltäglichkeit	
S	Limitierungen, Routine, alles, was keinen Spaß macht, wehtut, Leid bedeutet	
X	Unzuverlässigkeit, Zweideutigkeit, nicht wissen, woran man ist	
F	wirres Denken, Chaos, emotionale Reaktionen, Mangel an Struktur, zu viele Erwartungen	

THEMA Frage 16	Besondere Vorlieben In meinem Leben gibt es zwei nachfolgende Bereiche, wofür ich persönlich eine ganz besondere Vorliebe besitze:	1 = sehr wichtig 2 = zweit-wichtig
Z	Hilfsbereitschaft, Anwesenheit, Freundlichkeit	
V	Authentizität, Tiefgang, Sensibilität	
D	Tempo, Erfolg, Selbstsicherheit	
E	Qualität, verantwortungsvolle Menschen, Ehrlichkeit	
F	Intelligenz, Respekt vor dem Raum des anderen, sorgfältiger Sprachgebrauch	
X	Loyalität, Klarheit, Offenheit	
S	Optimismus, Abwechslungsreichtum, Möglichkeiten	
A	Direktheit, Empowerment, Gerechtigkeit	
N	Harmonie, Stabilität, Ruhe	

THEMA Frage 17	Beweggründe meines Handelns Welche zwei tieferen Beweggründe sind die wahren Ursachen meiner Handlungen (ich horche ganz tief in mich hinein)?	1 = sehr wichtig 2 = zweit-wichtig
V	Die ewige Suche nach Individualität und Besonderheit	
X	Die ewige Suche nach Sicherheit und Vertrauen	
Z	Die ewige Suche nach Liebe und Geliebtwerden	
A	Die ewige Suche nach Macht und Kontrolle	
N	Die ewige Suche nach Harmonie und Frieden	
S	Die ewige Suche nach Spaß und Lebensfreude	
F	Die ewige Suche nach Wissen und Weisheit	
E	Die ewige Suche nach Perfektion und Vollkommenheit	
D	Die ewige Suche nach Erfolg und Leistung	

THEMA	Blickqualität	1 = sehr wichtig
Frage 18	Ich schaue in Ruhe in den Spiegel und blicke in meine Augen! Welche beiden Blickqualitäten nehme ich gerade besonders wahr?	2 = zweit-wichtig
V	melancholisch, traurig, verloren - tief, nach innen gerichtet	
X	ängstlich, vorsichtig, skeptisch - grenzziehend	
F	nachdenklich, intellektuell, leer - distanziert	
N	sanft, friedlich, entspannt - peripher	
D	fokussiert, siegessicher, erfolgreich - nach außen gerichtet	
S	lebendig, fröhlich, optimistisch - eher warm, glänzend	
E	präzise, distanziert, kritisch - eher kühl	
A	dominant, kontrollierend, einschüchternd - eher kühl	
Z	liebevoll umsorgend, verbindend - eher warm	

THEMA	Blindheit/blinder Fleck	1 = sehr wichtig
Frage 19	Manchmal kommt es bei mir zu einer eingeschränkten Wahr-nehmung der Realität, einer „Blindheit/blinder Fleck" für:	2 = zweit-wichtig
S	Notwendigkeiten/erkennt eigene Angst und eigenen Schmerz nicht	
E	emotionale Zwischentöne/eigene Gereiztheit	
A	persönliche Freiheit der anderen/eigene Verletzlichkeit, Bedürfnis nach Zuwendung	
Z	die Würde anderer/die eigenen Bedürfnisse und Gefühle	
F	persönliche Bedürfnisse anderer/eigene physische Befindlichkeit, eigene Gefühle und Bedürfnisse	
V	das Gute im Vorhandenen/eigene Gewöhnlichkeit, eigene gute Eigenschaften	
X	persönliche Motive anderer/innere Führung und dass andere Menschen Hilfe bieten	
D	persönliche Eigenschaften anderer/innere Leere und Selbstver-leugnung	
N	das Wesentliche in einer Situation/eigene Vorzüge und Stärken	

THEMA	Buchlektüre	1 = sehr wichtig
Frage 20	In meiner Freizeit sollte ein gutes Buch auf jeden Fall die folgenden zwei Kriterien erfüllen:	2 = zweitwichtig
F	neue Informationen bereitstellend	
Z	Lebenshilfe gebend	
N	Glücksmomente erzeugend	
V	künstlerischer Anspruch, niveauvoll	
X	traditionell mit geschichtlichem Hintergrund	
S	Spaß am Lesen	
D	erfolgversprechend	
A	Wissensvorsprung vor anderen gebend	
E	anspruchsvoll und weiterbildend	

THEMA	Comicfiguren (Asterix & Obelix)	1 = sehr wichtig
Frage 21	Mit welchen Figuren aus „Asterix & Obelix" kann ich mich in besonderer Weise/sehr gut identifizieren?	2 = zweitwichtig
V	Troubadix (der Barde, die Meinungen über sein Talent sind geteilt)	
A	Automatix (Schmied des gallischen Dorfes, rauflustiger Handwerker)	
D	Asterix (hat immer die besten Ideen, bester Freund von Obelix)	
X	Amnesix (Druide mit Gedächtnisschwund, Experte für Geisteskrankheiten)	
E	Julius Caesar (röm. Kaiser, hat ganz Frankreich besetzt und möchte als Letztes die unbeugsamen, widerstandleistenden Gallier unterwerfen)	
Z	Gibtermine (Empfangsdame & Sekretärin, vergibt Termine an Patienten)	
N	Obelix (Hinkelsteinlieferant & als Kind in den Zaubertrank gefallen)	
S	Gutemine (pragmatische Frau des Häuptlings Majestix)	
F	Miraculix (der ehrwürdige Druide des Dorfes, Zaubertrankhersteller)	

THEMA	Defizite in der Herkunftsfamilie	1 = sehr wichtig
Frage 22	Wenn ich an meine Kindheit und meine Herkunftsfamilie denke, welche zwei Hauptaspekte waren damals primär vorhanden?	2 = zweit- wichtig
S	begrenzte Sichtweise, enge Perspektive - Aufmerksamkeitsdefizit	
D	keine Bindung zwischen den Familienmitgliedern - Erwartungsdruck	
X	fehlende Sicherheit oder Unterstützung - elterliche Inkompetenz	
N	Mangel an Harmonie und Frieden - unsichtbare Bedürfnislosigkeit	
F	keine Führung, kein wirkliches Verständnis - aufdringliche Erziehung	
Z	keine Liebe zwischen den Eltern - eigener Kampf um Liebe	
E	Liebe war bedingt, ein Tauschgeschäft, ein Handel - Bestrafung-Belohnung	
V	mangelndes Selbstgefühl - häufiger Liebesverlust	
A	Konflikte oder Verwirrung in Bezug auf Macht - Gewalterfahrung	

THEMA	Ego-Persönlichkeit	1 = sehr wichtig
Frage 23	Wenn ich am mich als Persönlichkeit denke, welche beiden Qualitäten sind für mich typischer als die anderen (EHRLICH!)?	2 = zweit- wichtig
F	geschäftstüchtige Habsucht	
V	häufige Phasen von Melancholie	
Z	versteckte Schmeichelei	
N	häufige Selbstvergessenheit	
D	clevere Täuschung	
A	versteckte Rachegefühle	
E	stiller Groll	
X	ausweichende Vorsicht/Feigheit	
S	freudige Planung der Zukunft	

THEMA Frage 24	**Einkaufen gehen** Welche zwei Hauptüberlegungen gehen mir vor dem oder beim Einkaufen am ehesten durch den Kopf?	1 = sehr wichtig 2 = zweit-wichtig
N	Am liebsten nichts vergessen, sonst muss ich noch einmal gehen!	
V	Mal sehen, ob ich was Schönes finde, vielleicht etwas Besonderes!	
S	Wenn der Einkaufswagen voll ist, dann bin ich zufrieden!	
Z	Ich kaufe für alle ein, damit die Bedürfnisse aller befriedigt werden!	
A	Ich kaufe seltener ein, daher muss ich viel einpacken, um die Vorräte aufzufüllen!	
X	Ich achte darauf, dass ich nicht zu viel ausgebe, mal sehen!	
F	Ich kaufe möglichst preiswert, nur das Notwendige, am besten Angebote!	
D	Ich kaufe gern schnell, effektiv ein, auf die Preise achte ich dabei nicht!	
E	Wichtig sind mir vor allem Qualität/ein gutes Preis-Leistungs-verhältnis!	

THEMA Frage 25	**Einstellung zu den Eltern** Welche zwei psychischen Einstellungen der folgenden neun besitze ich in Bezug auf meine Eltern am ehesten?	1 = sehr wichtig 2 = zweit-wichtig
D	Positive Einstellung zur Mutter - Verbundenheit/Dankbarkeit	
E	Negative Einstellung zum Vater - Getrenntsein	
X	Positive Einstellung zum Vater - Verbundenheit/Dankbarkeit	
A	Ambivalenz gegenüber der Mutter - Zwiespältigkeit	
V	Negative Einstellung zu beiden Elternteilen - Getrenntsein	
N	Positive Einstellung zu beiden Elternteilen - Verbundenheit/Dankbarkeit!	
Z	Ambivalenz gegenüber dem Vater - Zwiespältigkeit	
F	Ambivalenz gegenüber beiden Elternteilen - Zwiespältigkeit	
S	Negative Einstellung zur Mutter - Getrenntsein	

THEMA	Energetische Ausstrahlung	1 = sehr wichtig
Frage 26	Welche beiden Aspekte finde ich in besonderem Maß in Bezug auf meine energetische Ausstrahlung auf andere Menschen?	2 = zweit-wichtig
D	Ich bin ein Herzmensch und habe eine sachlich-nüchterne Ausstrahlung.	
N	Ich bin ein Bauchmensch und habe eine optimistische Ausstrahlung.	
X	Ich bin ein Kopfmensch und habe eine intensive Ausstrahlung.	
V	Ich bin ein Herzmensch und habe eine intensive Ausstrahlung.	
E	Ich bin ein Bauchmensch und habe eine sachlich-nüchterne Ausstrahlung.	
S	Ich bin ein Kopfmensch und habe eine optimistische Ausstrahlung.	
Z	Ich bin ein Herzmensch und habe eine optimistische Ausstrahlung.	
A	Ich bin ein Bauchmensch und habe eine intensive Ausstrahlung.	
F	Ich bin ein Kopfmensch und habe eine sachlich-nüchterne Ausstrahlung.	

THEMA	Ermunterungen	1 = sehr wichtig
Frage 27	Es gibt zwei bestimmte Ermunterungen, die mir besondere Kraft und Stärke geben, die mich besonders aufbauen:	2 = zweit-wichtig
D	Du wirst genauso geliebt, so wie du bist!	
F	Deine Bedürfnisse sind absolut okay!	
A	Du wirst nicht betrogen, keiner möchte dir etwas antun!	
V	Du bist etwas ganz Besonderes, du verdienst Anerkennung!	
X	Du bist total sicher, du kannst dich total darauf verlassen!	
N	Du bist wichtig, verdienst Aufmerksamkeit und Liebe!	
Z	Du bist erwünscht und herzlich willkommen!	
S	Für dich wird gesorgt, keiner nimmt dir deine Lebensfreude!	
E	Du bist gut und musst dich nicht verbessern!	

THEMA	Erziehungserfahrungen	1 = sehr wichtig
Frage 28	In meiner Kindheit musste ich leider besonders zwei der folgenden Erziehungserfahrungen in schmerzlicher Weise erleben:	2 = zweit-wichtig
A	Gewalterfahrung!	
F	Aufdringliche Erziehung!	
Z	Liebeskampf!	
S	Aufmerksamkeitsdefizit!	
X	Elterliche Inkompetenz!	
D	Erfüllung von Erwartungen!	
V	Liebesverlust!	
N	Unsichtbare Bedürfnislosigkeit!	
E	Bestrafung - Belohnung!	

THEMA	Essen & Trinken	1 = sehr wichtig
Frage 29	Bei meiner Ernährung sind mir vor allem zwei Dinge besonders wichtig:	2 = zweit-wichtig
N	einfache Nahrung, genügsam, genug für alle, es muss allen schmecken	
V	besondere, qualitativ hochwertige, gesunde, exklusive Gerichte	
D	exquisite, teure Speisen, die „was hermachen", reichhaltige Tafel	
X	gewohnte, bewährte Gerichte, wenig experimentierfreudig, Standard	
E	ausgewählt, gesundheitsbewusst, nährstoffreich, Qualität, preiswert	
S	„Fingerfood", langsamer Genuss, Freude am Essen, Vorliebe für Saures	
F	karg, genügsam, spartanisch, lege wenig Wert auf Essen, günstig	
A	Essen exzessiv, große Portionen, scharf, fettig, tendenziell ungesund	
Z	Hausmannskost, mit Liebe für andere und mich kochen und backen	

THEMA	Fallen	1 = sehr wichtig
Frage 30	**Jeder Enneatyp kann auf seiner Sinnsuche einen charakteristischen Irrweg einschlagen, welche zwei sind es bei mir vor allem?**	2 = zweitwichtig
D	Mit anderen konkurrieren, Eitelkeit, Äußerlichkeit, mehr Schein als Sein!	
Z	Gute Absichten, Schmeichelei, Gefälligkeit, Mitmenschen manipulieren!	
A	Den Ton angeben, die Führung übernehmen, den Raum einnehmen!	
X	Mich in Abhängigkeit begeben, Feigheit oder Waghalsigkeit zeigen!	
N	Harmonie um jeden Preis, nur keine Konflikte, Bequemlichkeit!	
E	Meine Pflicht erfüllen, empfindlich sein, innerlich gereizt, starr!	
V	In Phantasien flüchten, Schwermut, mich stark mit anderen vergleichen!	
S	Alles haben wollen, zu viel planen, Negatives ausblenden!	
F	Alles analysieren wollen, Geiz, emotionaler Rückzug/Distanz!	

THEMA	Fehlhaltungen	1 = sehr wichtig
Frage 31	**Welche der folgenden zwei menschlichen Fehlhaltungen haben mich schon häufiger in Sackgassen geführt (EHRLICH!)?**	2 = zweitwichtig
X	Angst, Furcht, Zweifel, Misstrauen	
E	Wut, Ärger, Zorn, Groll	
D	Täuschung, Lüge, Betrug, Eitelkeit	
F	Habsucht, Habgier, Geiz, Distanz	
N	Trägheit, Bequemlichkeit, Faulheit, Passivität	
S	Unersättlichkeit, Unmäßigkeit, Völlerei	
V	Melancholie, Trauer, inneres Mangelgefühl, Neid	
Z	Einbildung, Selbstgefälligkeit, Hochmut, Stolz	
A	Wollust, Schamlosigkeit, Exzess, Kontrollzwang	

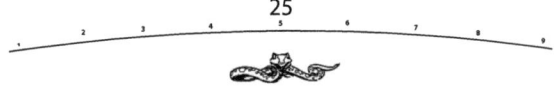

THEMA Frage 32	Gartenarbeit **Was bedeutet für mich die Arbeit im Garten?**	1 = sehr wichtig 2 = zweit- wichtig
A	Ich verlasse den Garten nicht eher, bis alles geschafft ist!	
V	Alles gut abgestimmt, passend, stimmungsvoll, kreative Garten-gestaltung!	
Z	Ich gestalte den Garten so, dass er ein Ort der Begegnung ist!	
N	An sich ganz schön und entspannend, aber zuweilen auch anstrengend!	
F	Zunächst hole ich mir genügend Anregungen aus meinem Gartenbuch!	
S	Bei schönem Wetter genieße ich die Arbeit, ansonsten verschiebe ich sie!	
D	Hauptsache, am Ende wird es schön und ich bekomme Applaus!	
E	Vor allem ordentlich, sauber, gepflegt und funktional muss der Garten sein!	
X	Ich sehe zu, dass ich schnell fertig werde, es könnte ja z.B. bald regnen!	

THEMA Frage 33	Gefühle in der Kindheit **Welche beiden Grundgefühle herrschten in meiner Kindheit aus meiner heutigen Sichtweise besonders vor?**	1 = sehr wichtig 2 = zweit- wichtig
X	Ich fühlte mich oft ohnmächtig, durfte nie eigene Entscheidungen treffen.	
F	Oft fühlte ich mich bedrängt, meine Privatsphäre wurde nicht respektiert.	
E	Ich wurde kritisiert/bestraft und versuchte so gut wie möglich zu werden.	
Z	Ich wurde nur geliebt, wenn ich anderen half oder ihnen etwas gab.	
N	Ich blieb unbeachtet, meine Meinungen und Gefühle waren nicht wichtig.	

Fortsetzung Frage 33 siehe nächste Seite …

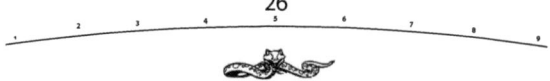

THEMA	Gefühle in der Kindheit	1 = sehr wichtig
Frage 33	Welche beiden Grundgefühle herrschten in meiner Kindheit aus meiner heutigen Sichtweise besonders vor?	2 = zweit-wichtig
S	Ich hatte viele Ängste und flüchtete in eine Traum- und Phantasie-welt.	
V	Ich fühlte mich verlassen, bekam keine emotionale Unterstützung.	
A	Ich musste für mich selbst eintreten und durfte keine Schwäche zeigen.	
D	Ich wurde immer besonders gelobt für meine Leistungen.	

THEMA	Geldgewinn	1 = sehr wichtig
Frage 34	Mit einem steuerfreien Geldgewinn in Höhe von 1 Million Euro würde ich vor allem zwei Dinge tun:	2 = zweit-wichtig
V	durch finanzielle Unabhängigkeit mein künstlerisches Dasein fördern	
X	die eigene Familie oder meinen Verein unterstützen	
A	etwas großes Aufbauen, ein großes Projekt realisieren	
D	meine eigene Vision erfolgreich realisieren	
E	durch Projekte die Welt zu einem besseren Ort machen	
F	ein Forschungslabor gründen oder eine Buchhandlung eröffnen	
S	reisen, Abenteuer, feiern, gut leben, es sich gut gehen lassen	
Z	Hilfsprojekte ins Leben rufen, Hilfsorganisationen unterstützen	
N	entspannen, ohne Leistungsdruck, ohne Verpflichtungen, einfach da sein	

ERKENNE DEINE WAHRE MOTIVATION! ERKENNE DICH SELBST!

THEMA	Geschenkideen	1 = sehr wichtig
Frage 35	Mit welchen beiden Geschenkideen könnte man mir persönlich eine besondere Freude bereiten?	2 = zweitwichtig
F	ein wirklich interessantes Buch	
D	auf jeden Fall etwas von Wert, etwas Wertiges, Prächtiges	
E	einen Tagesplaner	
X	eine gemeinsame Erfahrung	
N	etwas von mir früher einmal Erwähntes	
S	ein lebendiges Geschenk mit Erlebniswert	
A	am besten ein Geldgeschenk	
V	etwas mit einem Erinnerungswert	
Z	ein(en) Wellnesstag oder -wochenende	

THEMA	Gesichtsausdruck	1 = sehr wichtig
Frage 36	Wenn ich mein gesamtes Gesicht im Spiegel anschaue, welche beiden Gesichtsausdrücke kann ich vor allem wahrnehmen?	2 = zweitwichtig
E	ernst, unabhängig, distanziert, erstarrt, vornehm, würdevoll	
X	ängstlich, besorgt, misstrauisch, skeptisch, vorsichtig, wachsam	
F	emotionsarm, gelehrt, analysierend, unnahbar, intellektuell, schlau	
A	dominant, kämpferisch, stark, unabhängig, kontrollierend, ungeduldig	
Z	besorgt, gefühlvoll, empathisch, mütterlich, verbindend, liebevoll	
N	entspannt, freundlich-zurückhalten, friedlich, harmonisch, passiv	
D	fokussiert, zielorientiert, unabhängig, unnahbar, emotionslos, maskenhaft	
S	lebensfroh, lustig, verschmitzt, lachend, glücklich, sanft, optimistisch	
V	tiefgründig, traurig, gefühlsverwirrt, verzogen, verloren, verzweifelt	

THEMA	Gestik	1 = sehr wichtig
Frage 37	Wenn ich mir die Gesamtheit meiner Gesten als Ausdruck meiner inneren Haltung anschaue, welche beiden sind besonders typisch?	2 = zweit-wichtig
Z	verbindende Gesten, sucht unbewusst mit den Händen Körperkontakt	
A	präsente, energische, überschießende, kontrollierende Gestik	
E	„von oben herab", erhobener Zeigefinger, wenige aber präzise Gesten	
X	abwartende, zurückhaltende, vorsichtige, unsichere, erstarrte Gestik	
D	schnelle, zackige, fahrige, mitunter ausladende Gestik	
N	wenige Gesten, insgesamt bewegungsarme Haltung	
S	flüchtige Armbewegungen, langsam, bedächtig, offen, mitteilsam	
V	extravagante, elegante Gesten, ausladende Handgesten	
F	relativ gestenarm, starke Kopfbewegungen (zustimmendes Nicken)	

THEMA	Glaube/Religion/Spiritualität	1 = sehr wichtig
Frage 38	Glaube, Religion und Spiritualität verstehe ich vor allem unter zwei der folgenden Aspekte:	2 = zweit-wichtig
A	ordnende, kraftvolle Autorität, Unschuld, göttliche Gerechtigkeit	
V	Sehnsucht nach Tiefe, zu Hause ankommen, kreative Kraftquelle	
S	Glücksverheißung, Paradies, Ausdruck des Reinen und Guten	
F	eine über das Wissen hinausgehende Instanz, formlose Leere	
Z	Ursprung der göttlichen, unterstützenden demütigen Liebe	
E	sinnstiftende Weltanschauung, Ausdruck göttlicher, väterlicher Liebe	
N	gemeinsame Einheit der egofreien Liebe, der Friede Gottes	
X	gemeinschaftsstiftender Charakter, Glaube und Vertrauen in Gott	
D	göttlicher Ausdruck schöpferisch-tatkräftiger, wertschätzender Liebe	

THEMA	Glaubenssätze	1 = sehr wichtig
Frage 39	Welche zwei der folgenden inneren Glaubenssätze kommen mir persönlich besonders bekannt vor, sind mir vertraut?	2 = zweit-wichtig
Z	Ich bin nicht liebenswert und bedeutungslos.	
E	Mit mir stimmt etwas nicht, ich habe einen wesentlichen Makel.	
S	Ich bin von der Quelle des Lebens (des Genusses) abgeschnitten.	
A	Ich bin schwach, bedürftig, schlecht und muss ständig kämpfen.	
X	Ich bin schwach und unfähig, die Welt ist feindlich.	
F	Ich bin innerlich leer und isoliert.	
V	Ich bin verlassen worden und abgetrennt von allem.	
N	Ich bin unwichtig und nicht liebenswert!	
D	Ich bin leer und substanzlos.	

THEMA	Grundängste	1 = sehr wichtig
Frage 40	Welche zwei Grundängste, sonstige Befürchtungen und Unsicherheiten sind in mir besonders verankert?	2 = zweit-wichtig
N	Trennung, Absonderung, Scheidung in jeglicher Form, Konflikt	
F	Unbegreiflichkeit, überwältigt zu werden, alles zu verlieren, vor emotionaler Öffnung	
X	Angst zu haben, vor Verrat, dem Preisgegebenwerden, Unsicherheit	
V	vor eigener Unzulänglichkeit, Verlassenwerden, einen Mangel zu haben	
S	vor Langeweile, Anstrengung, Deprivation, Schmerzen & Leid	
A	vor dem Unterliegen, verletzt zu werden, schwach und abhängig zu sein	
Z	ungeliebt zu sein, vor emotionaler Ablehnung, zurückgewiesen zu werden	
D	bedeutungslos oder wertlos zu sein, vor Versagen, Misserfolg	
E	verurteilt zu werden, nicht gut genug zu sein, einen Fehler zu begehen	

THEMA	Handlungsbereitschaft	1 = sehr wichtig
Frage 41	Bei den folgenden Beschreibungen in Bezug auf meine Handlungsbereitschaft sehe ich mich in zwei Punkten besonders:	2 = zweit-wichtig
A	Aktiver Kontrolleur (Boss) - machtorientiert	
E	Unnachsichtiger Perfektionist - perfektionsorientiert	
S	Enthusiastischer Visionär (Epikureer) - spaßorientiert	
N	Angepasster Friedensstifter („Peacemaker") - harmonieorientiert	
Z	Rücksichtsvoller Helfer - liebesorientiert	
F	Ruhiger Spezialist (Beobachter) - wissensorientiert	
D	Konkurrierender Leistungstyp (Dynamiker) - erfolgsorientiert	
X	Loyaler Skeptiker - sicherheitsorientiert	
V	Intensiver Kreativer (Romantiker) - individualitätsorientiert	

THEMA	Hauptmerkmale	1 = sehr wichtig
Frage 42	Zwei der nachfolgenden Hauptmerkmale meines Charakters sind - wenn ich ehrlich bin - bei mir besonders ausgeprägt:	2 = zweit-wichtig
V	Melancholie, Neid, Mangelgefühl	
S	Planen, Unersättlichkeit, Maßlosigkeit	
N	Trägheit, Bequemlichkeit, Langsamkeit	
E	Groll, Zorn, Ärger	
X	Paranoia, Zweifel, Misstrauen	
D	Effizienz, Täuschung, Lüge	
A	Vergeltung, Wollust, Intensität	
Z	Schmeichelei, Stolz, Beeinflussung	
F	Zurückgezogenheit, Geiz, Habsucht	

THEMA Frage 43	Hauptverlangen Was ist mir im zwischenmenschlichen Austausch mit meinem Mitmenschen besonders wichtig?	1 = sehr wichtig 2 = zweit-wichtig
S	zufrieden, positiv, befriedigt zu sein, nicht benachteiligt zu werden	
V	sich selbst zu verstehen, verstanden zu werden, stillvoll, kreativ zu sein	
X	Sicherheit, Garantien, Geborgenheit zu erhalten, Absichten anderer zu erkennen	
N	mich zufrieden, mit anderen verbunden, harmonisch und wohl zu fühlen	
E	Recht zu haben, Moral, Ethik, Genauigkeit, Kritik zu beachten	
D	akzeptiert, wertgeschätzt, bewundert und begehrt zu werden	
F	die Umwelt, das Leben zu verstehen, kompetent und weise zu sein	
A	stark, gerecht, kompetent, selbstständig und unabhängig zu sein	
Z	geliebt zu werden, gefällig zu sein, zu schmeicheln, zu helfen	

THEMA Frage 44	Herausforderungen an das Leben Welche zwei lebendigen Herausforderungen stellen sich in meinem Leben besonders intensiv?	1 = sehr wichtig 2 = zweit-wichtig
E	Mit allen Sinnen zu ringen!	
X	Sich mit allen Sinnen auseinanderzusetzen!	
N	Mit allen Sinnen zu lieben und zu handeln!	
D	Mit allen Sinnen zu gestalten!	
Z	Mit allen Sinnen zu suchen und zu finden!	
V	Mit allen Sinnen zu vertrauen und sich selbst zu erkennen!	
F	Mit allen Sinnen nach der Wahrheit zu streben!	
S	Mit allen Sinnen zu leben!	
A	Mit allen Sinnen zu glauben!	

THEMA	Identifikation	1 = sehr wichtig
Frage 45	**Ich identifiziere mich vor allem mit zwei der nachfolgenden Beschreibungen meiner Persönlichkeit:**	2 = zweit-wichtig
V	Mit dem Gefühl, anders oder „defekt" zu sein und emotional zu reagieren.	
S	Mit dem Gefühl der Vorfreude auf angenehme Erlebnisse.	
Z	Mit den Reaktionen der Menschen, denen ich helfen konnte.	
X	Mit dem Bedürfnis nach Unterstützung und Sicherheit.	
A	Mit dem Gefühl der Intensität, welches daraus erwächst, anderen die Stirn zu bieten.	
N	Mit dem Gefühl innerer Stabilität aufgrund der Loslösung von intensiven Impulsen.	
D	Mit einem Selbstbild, das ich erschaffe, indem ich eine Rolle spiele, die andere bewundern.	
E	Mit der Fähigkeit zur Bewertung und Einordnung des Erlebten.	
F	Mit der Empfindung, ein von der Welt losgelöster Beobachter zu sein.	

THEMA	Innere Leitsätze	1 = sehr wichtig
Frage 46	**Folgende innere Leitsätze begründen womöglich innere Widerstände in mir und verhindern dadurch meine Entwicklung:**	2 = zweit-wichtig
D	Ich sollte erfolgreich sein (Erfolgreicher)	
E	Ich sollte das Richtige tun (Reformer).	
V	Ich sollte ein ganz besonderer Mensch sein (Romantiker).	
X	Ich sollte meine Pflicht tun (Loyaler).	
S	Ich sollte glücklich sein (Glückssucher).	
F	Ich sollte Abstand halten (Beobachter).	
A	Ich sollte stark sein (Mächtiger).	
N	Ich sollte in Harmonie leben (Ursprünglicher).	
Z	Ich sollte anderen helfen (Helfer).	

THEMA	Intuitiver Stil	1 = sehr wichtig
Frage 47	**Welche beiden intuitiven Stile bevorzuge ich als Mensch und Persönlichkeit in meinem Alltagsleben besonders?**	2 = zweit-wichtig
F	Ich beobachte alles am besten aus der objektiven Metaposition.	
V	Ich nehme die Stimmungen der anderen direkt wahr und in mich auf.	
A	Ich erspüre den Grad der Macht.	
E	Ich frage mich, wie perfekt die Situation sein könnte?	
X	Um alle Umstände zu ergründen, phantasiere ich gern gedanklich.	
Z	Ich passe mich den Bedürfnissen meiner Mitmenschen an.	
N	Ich verschmelze, vermische mich mit den anderen, suche nach Einheit.	
D	Ich verstelle mich mitunter, um meine Ziele zu erreichen.	
S	Ich bilde leicht gedankliche Zusammenhänge, kann gut assoziieren.	

THEMA	Jesus Christus-Aspekte	1 = sehr wichtig
Frage 48	**Mit zwei der nachfolgenden neun Aspekte in Bezug auf Jesus kann ich mich besonders gut identifizieren:**	2 = zweit-wichtig
X	Der loyale Staatsbürger, der politischen Fangfragen klug ausweicht.	
D	Der Sieger, der den Versuchungen des Teufels widersteht.	
S	Jesus war kein Asket, sondern feierte gern und fastete nicht.	
N	Der Friedensstifter, der die Mühseligen und Beladenen zu sich ruft und ihnen Mut macht oder der Schlafende inmitten des Sturms.	
F	Der Sohn, der sich von den Eltern abgrenzt und seine Jünger als „Mutter und Brüder" bezeichnet.	
V	Sein Blick für die Schönheiten der Natur wie die berühmten „Lilien auf dem Felde", die prächtiger gekleidet sind als König Salomo.	
A	Der entschiedene Prediger, der provozierend die Händler aus dem Tempel vertrieb.	
E	Seine kompromisslose Deutung der 10 Gebote in der Bergpredigt.	
Z	Seine Krankenheilungen der Hilfsbedürftigen selbst am Sabbat.	

THEMA	Kernressourcen	1 = sehr wichtig
Frage 49	Welche beiden charakterlichen Kernressourcen (Rettungsanker) bei Problemen sind für mich sehr typisch?	2 = zweit-wichtig
A	Selbstsicherheit	
E	Rationales Denken	
F	Beobachtungsgabe	
V	Selbsterforschung	
Z	Einfühlungsvermögen	
S	Lebensfreude	
D	Orientierung an anderen Menschen	
X	Beziehungsfähigkeit	
N	Interesse an Menschen	

THEMA	Kindheitsdefizite	1 = sehr wichtig
Frage 50	In meiner Kindheit herrschten zwei der nachfolgenden Kindheitsdefizite (elterliche Ansprüche) in besonderem Maße vor:	2 = zweit-wichtig
Z	Du darfst keine eigenen Bedürfnisse haben!	
X	Du darfst dir nicht zu viel auf dich einbilden.	
A	Du darfst niemandem trauen oder deine Gefühle zeigen.	
V	Du darfst nicht zu perfekt oder zu glücklich sein wollen.	
N	Du darfst nicht immer deinen Kopf durchsetzen.	
E	Du darfst keine Fehler machen.	
D	Du darfst keine eigenen Gefühle und keinen eigenen Willen haben.	
S	Du darfst dich nicht auf andere verlassen.	
F	Du darfst es dir nicht zu einfach machen.	

THEMA Frage 51	Konzepte (Aspekte, Eigenschaften, Sachverhalte) Welche beiden vorherrschenden Hauptkonzepte erkenne ich persönlich in meinen Leben und wozu führen diese?	1 = sehr wichtig 2 = zweit- wichtig
X	Konzept des Mangels an Mut führt zu Angst und Selbstzweifel	
N	Konzept der Trägheit führt zu Stillstand	
E	Konzept des Perfektionismus führt zu Zorn	
V	Konzept des falschen Mangels führt zu Neid	
Z	Konzept des falschen Überflusses führt zu Stolz	
A	Konzept des antiautoritären Lebens führt zu Rebellion	
D	Konzept des Gesehen-werden-Wollens führt zu Eitelkeit	
F	Konzept des Nicht-genug-Habens führt zu Geiz	
S	Konzept des Mangels an Lebendigkeit führt zu Unersättlichkeit	

THEMA Frage 52	Krankheitsverhalten Im Krankheitsfall bewege ich mich in den sog. Stresspunkt und entwickle dabei vor allem folgende zwei Verhaltenstendenzen:	1 = sehr wichtig 2 = zweit- wichtig
F	flatterhaft, hyperaktiv, verdrängend, vor Leid fliehend	
Z	ausfallend, beleidigend, dominant, aggressiv, herrschsüchtig	
V	klammernd, anhänglich, aufdringlich, bedürftig, abhängig	
E	melancholisch, neidisch, launisch, traurig, abweisend, irrational	
X	aktiv handelnd, ruhelos, umtriebig, arrogant, rücksichtslos	
A	sich zurückziehend, distanziert, analytisch, ängstlich, verschlossen	
N	überängstlich, voller Selbstzweifel, unsicher, skeptisch, zweifelnd	
S	nörgelig, perfektionistisch, besserwisserisch, insistierend	
D	träge, ziellos, desorientiert, an sich selbst zweifelnd, apathisch, ver- schlossen	

THEMA	Lebens- bzw. Lernaufgaben	1 = sehr wichtig
Frage 53	**Welche beiden Dinge habe ich meiner Meinung nach in meinem Leben besonders zu verstehen bzw. zu verwandeln?**	2 = zweit-wichtig
N	Selbstvergessenheit & Betäubung in Selbstbewusstsein & Verantwortung	
A	Härte & Rigorosität in Güte & Großmut	
S	Vermeidung von Leid und Schmerz in eine nüchterne Heiterkeit	
Z	Stolz & übertriebenes Helfenwollen in wahre Liebe & Demut	
X	Angst & Misstrauen/Zweifel in Mut & Vertrauen/Glauben	
F	Wissen, Analyse & Distanz in Weisheit & emotionale Nähe	
D	Lüge & Täuschung in Wahrhaftigkeit & Klarheit	
V	Heimatlosigkeit & Verlorenheit in Authentizität	
E	Ungeduld & Reizbarkeit in Geduld und heitere Gelassenheit	

THEMA	Lebensmottos	1 = sehr wichtig
Frage 54	**Welche beiden Lebensmottos sprechen mich innerlich ganz besonders an, welche erzeugen in mir eine tiefe Resonanz?**	2 = zweit-wichtig
X	Mut statt Angst!	
F	Offenheit statt Geiz!	
V	Echtheit statt Neid!	
D	Wahrhaftigkeit statt Eitelkeit!	
Z	Liebe statt Stolz!	
E	Geduld statt Zorn!	
S	Nüchternheit statt Völlerei!	
A	Güte statt Wollust!	
N	Verantwortung statt Trägheit!	

THEMA	Leidenschaften	1 = sehr wichtig
Frage 55	Welche beiden Leidenschaften (Merkmale) sind mir besonders unangenehm?	2 = zweit-wichtig
E	Zorn/Wut/Groll/Perfektionssucht („Sucht" nach Vollkommenheit)	
Z	Stolz/Hochmut/Ehrsucht („Sucht" nach persönlicher Anerkennung)	
D	Eitelkeit/Ruhmsucht („Sucht" nach Anerkennung für Leistung/Erfolg)	
V	Neid/Traurigkeit/Selbstsucht („Sucht" nach Selbsterkenntnis)	
F	Geiz/Habsucht/Wissenssucht („Sucht" nach Weltverständnis)	
X	Ängstlichkeit/Feigheit/Sicherheitssucht („Sucht" nach Gewissheit)	
S	Völlerei/Maßlosigkeit/Glückssuche („Sucht" nach Lebensfreude)	
A	Wollust/Gier/Machtsucht („Sucht" nach Stärke/Dominanz/Kontrolle)	
N	Trägheit/Bequemlichkeit/Harmoniesucht („Sucht" nach Zufriedenheit)	

THEMA	Liebe (Ausdrucksweisen)	1 = sehr wichtig
Frage 56	Meine Liebe drückt sich vor allem in zwei der folgenden Ausdrucksweisen aus:	2 = zweit-wichtig
X	Freundlich-treue oder angstabwehrende Liebe (instabil)	
V	Romantisch-verzehrende Liebe (unerfüllt)	
Z	Mütterlich-unterstützende Liebe (zwischenmenschlich)	
E	Väterlich-fördernde Liebe (vollkommen)	
A	Kämpferisch-streitende Liebe (körperorientiert)	
S	Spielerisch-humorvolle Liebe (naiv, leicht)	
N	Geschwisterlich-akzeptierende Liebe (harmonisch-gleichwertig)	
F	Geistig-platonische Liebe (idealisierend, einsam)	
D	Schöpferisch-tatkräftige Liebe (formal, äußerlich)	

THEMA Frage 57	Liebe auf Abwegen Meine Liebe geht manchmal Abwege und drückt sich dann etwas verzerrt vor allem auf zwei der folgenden Beschreibungen aus:	1 = sehr wichtig 2 = zweit-wichtig
S	Spaß & Freude statt wahrer Liebe!	
Z	Bedingte Liebe, helfen, kümmern & geben statt wahrer Liebe!	
X	Sicherheit & Loyalität statt wahrer Liebe!	
D	Erfolg & Leistung statt wahrer Liebe!	
F	Wissen, Beobachtung & Distanz statt wahrer Liebe!	
V	Individualität & Kreativität statt wahrer Liebe!	
A	Macht, Stärke & Kontrolle statt wahrer Liebe!	
N	Harmonie, Frieden & Selbstvergessenheit statt wahrer Liebe!	
E	Perfektion & Richtigkeit statt wahrer Liebe!	

THEMA Frage 58	Liebesbeziehungen & Liebesarten In der Liebesbeziehung zu einem Partner verhalte ich mich vor allem auf folgende zwei Arten und Weisen:	1 = sehr wichtig 2 = zweit-wichtig
S	Ich suche nach Lebensfreude in der Beziehung, möchte dich ablenken, damit du wieder glücklich bist. Bist du niedergeschlagen, dann bin ich nicht so gern bei dir - Lustvolle Liebe!	
X	Ich fühle mich sicherer, wenn *ich* der Gebende bin, denn ich kenne deine Motive nicht wirklich, mir etwas zu geben. Ich lerne nur langsam, dir zu vertrauen - Unterwürfige oder bevormundende Liebe!	
F	Ich halte meine tiefen Gefühle lieber zurück, wenn wir zusammen sind, denn ich muss mich irgendwie schützen. Wenn ich allein bin, denke ich viel an dich - Gleichgültige Liebe!	
V	Ich freue mich auf dich, aber wenn du dann da bist, fällt es mir schwer, ganz im Jetzt zu leben. Ich will etwas, aber weiß nicht was. Ich habe Angst, dich tief zu lieben, weil ich verletzt werden könnte - Krankhafte Liebe!	

Fortsetzung Frage 58 siehe nächste Seite …

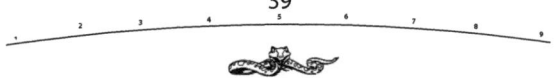

THEMA Frage 58	Liebesbeziehungen & Liebesarten **In der Liebesbeziehung zu einem Partner verhalte ich mich vor allem auf folgende zwei Arten und Weisen:**	1 = sehr wichtig 2 = zweitwichtig
D	Ich werde sein, was du haben willst. Du brauchst einen einfühlsamen Partner? Du findest ihn in mir. Frage mich aber bitte nicht, was ich selbst empfinde - Narzisstische Liebe!	
Z	Ich habe das Gefühl, dass ich irgendwas tun muss, damit du mich liebst. Ich bin nicht sicher, ob du mich meiner selbst willen liebst. Also tue ich alles, was dir gefallen könnte - Leidenschaftliche Liebe!	
E	Ich muss mich geliebt fühlen, auch wenn ich nicht vollkommen bin. Mir fällt es schwer, meine Fehler zuzugeben. Ich habe Angst, dass du mich verlässt, wenn ich meine schlechte Seite zeige oder wütend werde - Überlegene Liebe!	
A	Ich hasse es, mich abhängig zu sehen. Ich mag unser intensives Zusammensein - unsere Auseinandersetzungen, unsere Leidenschaft. Meine verletzte Seite zeige ich dir nicht gern - Unterwerfende Liebe!	
N	Ich möchte mit dir eins werden, mit dir verschmelzen, deine Wege sind meine Wege. Ich habe das Gefühl, dass du mich nicht mehr lieben wirst, wenn ich meine eigenen Wünsche verfolge - Gefällige Liebe!	

THEMA Frage 59	Manipulationsstrategien **Welcher beiden Manipulationsstrategien bediene ich mich im Alltag bevorzugt (EHRLICH!):**	1 = sehr wichtig 2 = zweitwichtig
Z	Ich forsche nach den Bedürfnissen anderer, um Abhängigkeiten zu schaffen.	
A	Ich dominiere andere, schüchtere sie ein, drohe und fordere die Befolgung meiner Anweisungen.	
F	Ich gebe mich selbst gedankenverloren und anderen das Gefühl, inkompetent zu sein, um sie emotional auf Abstand zu halten.	
D	Ich passe mich dem anderen bestmöglich an und eigne mir jedes Image an, welches „funktioniert".	

Fortsetzung Frage 59 siehe nächste Seite ...

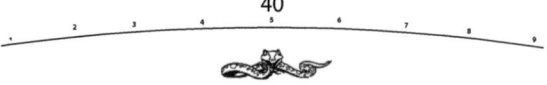

THEMA	Manipulationsstrategien	1 = sehr wichtig
Frage 59	Welcher beiden Manipulationsstrategien bediene ich mich im Alltag bevorzugt (EHRLICH!):	2 = zweit-wichtig
N	Ich entziehe mich, gehe aus dem Kontakt heraus, bin unnahbar, leiste passiv-aggressiven Widerstand.	
X	Ich beschwere mich, kritisiere und teste die mir entgegengebrachte Loyalität.	
V	Ich verhalte mich tendenziell wie eine Mimose und erzwinge damit Rücksichtnahme.	
E	Ich korrigiere andere, weise auf deren Schlechtigkeit und Fehler hin und bestehe auf die Allgemeingültigkeit meiner Meinung.	
S	Ich lenke mich oder andere ab, um unschöne Gefühle oder Situationen zu vermeiden und bestehe auf die Erfüllung meiner Wünsche.	

THEMA	Masken	1 = sehr wichtig
Frage 60	Welche beiden Masken setze ich gegenüber meinen Mitmenschen nach außen hin am häufigsten auf?	2 = zweit-wichtig
S	stets optimistisch, enthusiastisch, fröhlich, ungezwungen, lebhaft, positiv, spontan, kontaktfreudig, energisch, positiv, energetisch	
N	stets friedliebend, friedfertig, gelassen, stabil, sanft, entspannt, freundlich, ausgeglichen, natürlich, ruhig	
E	stets untadelig, vernünftig, gemäßigt, „gut", einsichtig, klug, rational, objektiv, moralisch, ethisch, über den Dingen stehend	
D	stets kompetent, bewundernswert, überragend, begehrenswert, attraktiv, erfolgreich, selbstsicher, unermüdlich, siegessicher	
F	stets objektiv, einsichtig, zurückhaltend, einfühlsam, aufmerksam, gewitzt, neugierig, klug	
A	stets stark, robust, einfallsreich, unabhängig, direkt, ausdauernd, handlungsorientiert, einsatzbereit	
X	stets mutig, zuverlässig, voraussichtig, „in Ordnung", vertrauenswürdig, sorgfältig, liebenswert	

Fortsetzung Frage 60 siehe nächste Seite …

... Fortsetzung Frage 60:

THEMA	Masken	1 = sehr wichtig
Frage 60	**Welche beiden Masken setze ich gegenüber meinen Mitmenschen nach außen hin am häufigsten auf?**	2 = zweitwichtig
Z	stets großzügig, liebevoll, überlegt, warmherzig, mitfühlend, selbstlos, besorgt, leidenschaftlich, gutmütig, überlegt	
V	stets authentisch, tiefgründig, sensibel, selbstkritisch, tiefsinnig, anders, aufrichtig, einzigartig, intuitiv, sanftmütig, selbstkritisch	

THEMA	Mimik	1 = sehr wichtig
Frage 61	**Wenn ich erneut in den Spiegel schaue und meine Mimik wahrnehme, wie beschreibe ich diese am besten auf zwei Arten:**	2 = zweitwichtig
E	Stirnrunzeln, vertikale Falte mittig zwischen den Augen, prüfend	
D	kühl, unnahbar, emotional ein wenig „eingefroren", ebenmäßig	
F	intellektuelle, „leere" Mimik mit horizontal verlaufenden Stirnfalten	
S	offene, optimistische Mimik, freundlich, lustig, milde, wohlwollend	
N	ausdruckslose, selbstvergessene, bewegungslose, langsame Mimik	
A	kontrollierende, präsente, machtvolle, starke, dominante Mimik	
X	zurückhaltende, vorsichtige, skeptische, zweifelnde Mimik	
V	gefühlsintensive, emotional-hintergründige Mimik	
Z	kümmernde, zugewandte, mütterliche, besorgte, wohlwollende Mimik	

THEMA	Motivationen, Vermeidungen & Leidenschaften	1 = sehr wichtig
Frage 62	Das Zusammenspiel von Motivation, Vermeidung & Leidenschaft ist für mich in zwei Fällen besonders charakteristisch:	2 = zweit- wichtig
F	Motivation Wissen - Vermeidung von Leere - Leidenschaft: Geiz	
A	Motivation Macht - Vermeidung von Schwäche - Leidenschaft: Gier	
N	Motivation Harmonie - Vermeidung von Konflikt - Leidenschaft: Trägheit	
D	Motivation Erfolg - Vermeidung von Misserfolg - Leidenschaft: Eitelkeit	
V	Motivation: Individualität - Vermeidung, gewöhnlich zu sein - Leidenschaft: Neid	
Z	Motivation: Liebe - Vermeidung von Bedürftigkeit - Leidenschaft: Stolz	
E	Motivation: Perfektion - Vermeidung von Fehlern - Leidenschaft: Zorn	
S	Motivation: Spaß - Vermeidung von Schmerz - Leidenschaft: Völlerei	
X	Motivation: Sicherheit - Vermeidung von abweichendem Verhalten - Leidenschaft: Angst	

THEMA	Musikgeschmack	1 = sehr wichtig
Frage 63	Gute Musik zeichnet sich für mich vor allem durch zwei der nachfolgend aufgeführten Punkte besonders aus:	2 = zweit- wichtig
D	Feierlichkeit, Rhythmus, populäre Klänge	
F	Unterhaltsamkeit, ruhige Klänge	
S	Fröhlichkeit, Unbeschwertheit, Beschwingtheit, spielerische Klänge	
N	Entspannung, Ruhe, Ausgleich, harmonische Klänge	
Z	verbindend, emotional, lieblich, heilende Klänge	
V	Gefühlstiefe, Echtheit, romantische Klänge	
X	bewährte Volkstümlichkeit, Geborgenheit, warme Klänge	
A	erhebende Kraftgefühle, dominante Klänge	
E	stimmige Komposition, Geradlinigkeit, strukturierte Klänge	

THEMA Frage 64	Naturerscheinungen Zwei der nachfolgenden Naturerscheinungen mag ich persönlich besonders gern:	1 = sehr wichtig 2 = zweit-wichtig
N	alle Jahreszeiten, jede auf ihre Art im natürlichen Wechsel	
A	die Naturgewalten, extreme Wetterverhältnisse, die Kraft der Natur	
S	die Sonne, die durch die Baumkronen scheint, leckere Früchte und die bunte Blütenvielfalt	
Z	Heilpflanzen, Heilkräuter, Artenvielfalt der Tiere und Pflanzen	
D	die Farbenpracht, die Schönheit und die Formenvielfalt der Natur	
V	stimmungsvolle Sonnenuntergänge am Meer und der weite Blick auf den Horizont	
E	gepflegte Parks, englischer Rasen, die natürliche Ordnung der Natur	
X	das ganze Ökosystem, wie sich alles wechselseitig beeinflusst	
F	die Naturgesetze und das komplexe Zusammenspiel aller Faktoren	

THEMA Frage 65	Neujahrswünsche Welche beiden Neujahrswünsche zu Beginn eines neuen Jahres würden auf mich am besten passen?	1 = sehr wichtig 2 = zweit-wichtig
A	Gib nicht IMMER nur den Ton an und strebe nicht STETS nach Macht & Kontrolle!	
S	Schaue nicht IMMER nur auf das Positive und strebe nicht STETS nach Spaß & Freude!	
X	Sei nicht IMMER nur vorsichtig und misstrauisch, zweifle nicht STÄNDIG und strebe nicht STETS nach Sicherheit!	
F	Versuche nicht IMMER nur die Welt zu verstehen und strebe nicht STETS nach Wissen!	
V	Versuche nicht IMMER nur dich selbst zu verstehen und strebe nicht STETS nach Individualität!	
D	Suche nicht IMMER nur nach Anerkennung und strebe nicht STETS nach Erfolg!	

Fortsetzung Frage 65 siehe nächste Seite …

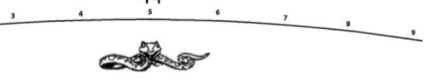

THEMA	Neujahrswünsche	1 = sehr wichtig
Frage 65	**Welche beiden Neujahrswünsche zu Beginn eines neuen Jahres würden auf mich am besten passen?**	2 = zweit-wichtig
Z	Achte nicht IMMER nur auf die Bedürfnisse anderer und strebe nicht STETS nach Liebe und Geliebtwerden!	
E	Sei nicht IMMER nur tadellos, habe nicht STÄNDIG Recht und strebe nicht STETS nach Vollkommenheit!	
N	Passe dich nicht IMMER nur an, sei nicht NUR ruhig, ausgeglichen und friedlich und strebe nicht STETS nach Harmonie!	

THEMA	Partyverhalten (<u>vor</u>, <u>auf</u> und <u>nach</u> der Party)	1 = sehr wichtig
Frage 66	**Welche Gedanken habe ich für gewöhnlich vor, auf und nach einer Party, welche beiden Haltungen sind besonders typisch für mich?**	2 = zweit-wichtig
Z	*Vor:* Hoffentlich mögen mich alle! *Auf:* Ich helfe gern noch in der Küche oder beim Buffet! *Nach:* Ich habe mich total verausgabt, bin aber froh, dass sich alle so gut verstanden haben!	
F	*Vor:* Ich möchte lieber zu Hause bleiben, auf dem Sofa sitzen und mein Buch lesen! *Auf:* Irgendwie komme ich intellektuell heute nicht richtig ins Gespräch! *Nach:* Zum Glück bin ich früh gegangen und konnte noch in meinem Buch schmökern!	
A	*Vor:* Wenn Weib, Weib und Gesang nicht stimmen, bin ich weg! *Auf:* Dieser Vollidiot soll sich nicht ins Hemd machen, nur weil ich ihm einmal die Meinung gesagt habe! *Nach:* Ich musste wieder einigen unmissverständlich deutlich machen, wer der Chef ist!	
S	*Vor:* Falls keine Stimmung aufkommt, habe ich noch andere Eisen im Feuer! *Auf:* Doch ein wenig langweilig hier, mal schauen, ob ich nicht auf eine andere Party gehe! *Nach:* Ich hatte riesigen Spaß auf der 3. Party, aber noch ist die Nacht jung!	
V	*Vor:* Ich bin überhaupt nicht in Stimmung für eine Party! *Auf:* Das Buffet ist doch recht gewöhnlich, was soll man da nur essen? *Nach:* Es waren doch größtenteils ziemlich banale Gespräche!	

Fortsetzung Frage 66 siehe nächste Seite ...

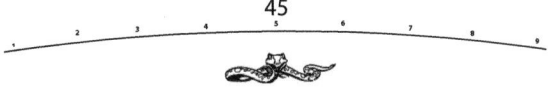

THEMA Frage 66	Partyverhalten (vor, auf und nach der Party) — Welche Gedanken habe ich für gewöhnlich vor, auf und nach einer Party, welche beiden Haltungen sind besonders typisch für mich?	1 = sehr wichtig 2 = zweitwichtig
E	*Vor:* Hoffentlich bringe ich den richtigen Wein mit! *Auf:* Das Essen ist nicht ausgewogen genug! *Nach:* Hoffentlich habe ich niemanden mit meinen Bemerkungen beleidigt!	
N	*Vor:* Wäre schön, wenn ich heute Abend jemanden Netten kennenlernen würde! *Auf:* Ich fühle mich allen so nahe, alle sind nett und freundlich zu mir! *Nach:* Ich denke, alle fanden meine Geschichten toll und behalten mich in guter Erinnerung!	
X	*Vor:* Ich darf nicht vergessen, die Katze zu füttern und abzuschließen! *Auf:* Habe ich gerade zu viel geredet, warum hat sie diese Bemerkung gemacht? *Nach:* Es ist herrlich, wieder sicher zu Hause angekommen zu sein.	
D	*Vor:* Heute Abend will ich die richtigen Leute zusammenbringen! *Auf:* Nur schnell essen, dann bin ich weg! Ich bin total überlastet! *Nach:* Ich habe beim Essen sehr gute Kontakte knüpfen können!	

THEMA Frage 67	Polaritäten — Mit welchen Polaritäten des Lebens fühlst du dich vertraut, im Rahmen welcher beiden Gegenpole findest du dich wieder?	1 = sehr wichtig 2 = zweitwichtig
X	sich unterwerfend - bestimmend; ehrlich - überkritisch	
A	hedonistisch - puritanisch; selbstbewusst - machtbesessen	
E	starr - empfindsam; zuverlässig - dogmatisch	
V	analytisch - desorientiert; sensibel - launisch	
F	ungesellig - gesellig; objektiv - snobistisch	
S	überlegen - unterlegen; Leichtigkeit des Seins - narzisstisch	
N	gläubig - zweifelnd; gelassen - phlegmatisch	
D	überaktiv - phantasievoll; dynamisch - statusbesessen	
Z	zügellos - militant; empathisch - instabil	

THEMA		Positive Zustimmungen	1 = sehr wichtig
Frage 68		Wenn ich mir ganz bewusst die folgenden Zustimmungen durch-lese, welche beiden berühren mich emotional besonders?	2 = zweit-wichtig
D		Du wirst geliebt, so wie du bist!	
V		Du verdienst Anerkennung!	
F		Deine Bedürfnisse sind okay!	
Z		Du bist erwünscht!	
E		Du bist gut!	
N		Du bist wichtig!	
A		Du wirst nicht betrogen!	
S		Für dich wird gesorgt!	
X		Du bist sicher!	

THEMA		Problemsituationen	1 = sehr wichtig
Frage 69		Wie verhalte ich mich bevorzugt in Problemsituationen (bitte wieder zwei Alternativen wählen)?	2 = zweit-wichtig
N		Ich entziehe mich und leiste passiv-aggressiven Widerstand.	
E		Ich korrigiere andere und bestehe auf die Richtigkeit meiner Vor-stellungen.	
A		Ich dominiere andere und fordere die Befolgung meiner Anwei-sungen.	
Z		Ich erforsche die Bedürfnisse meiner Mitmenschen, um durch meine Helferrolle Abhängigkeiten zu schaffen.	
S		Ich lenke andere ab und bestehe auf Erfüllung meiner Wünsche.	
D		Ich passe mich an und eigne mir jedes Image an, das funktioniert.	
X		Ich beschwere mich und teste die mir entgegengebrachte Loyalität.	
V		Ich verhalte mich wie eine Mimose, erzwinge damit Rücksichtnahme.	
F		Ich gebe mich gedankenverloren, halte emotional Abstand.	

THEMA	Programmierungen der Persönlichkeit	1 = sehr wichtig
Frage 70	Welche beiden unbewussten „Programmierungen" findest du bei dir persönlich besonders ausgeprägt (EHRLICH!)?	2 = zweit-wichtig
A	Selbstgerechtigkeit & versteckte Arroganz	
Z	Hilfsbereitschaft & versteckte Manipulation	
V	Außergewöhnlichkeit & Sentimentalität	
E	Perfektion & innerer Groll	
S	unbekümmerter Optimismus & nervöse Aktivität	
F	Wissensvorsprung & Rückzug	
X	Sicherheitsorientierung & ängstliche Zweifel	
D	Leistungsstreben & Imagepflege	
N	Friedfertigkeit & träge Unschlüssigkeit	

THEMA	Psychodynamischer Kreislauf	1 = sehr wichtig
Frage 71	Welche beiden innerpsychischen Dynamiken sind dir seltsam vertraut, welche entsprechen besonders deiner Persönlichkeit?	2 = zweit-wichtig
E	Bedürfnis, Recht zu haben führt zur Suche nach Wahrheit und Richtigkeit - BERICHTIGUNG - Furcht, verurteilt zu werden, andere werden korrigiert, Bedürfnis, Recht zu haben …	
Z	Bedürfnis, geliebt zu werden führt dazu, anderen zu helfen - LIEBE - Furcht, nicht geliebt zu werden, nachtragend sein und andere manipulieren, Bedürfnis, geliebt zu werden …	
D	Bedürfnis, bewundert zu werden führt zu Selbstverbesserung - BEWUNDERUNG - Furcht vor Zurückweisung, Erfolgsdruck und Wettbewerb, Bedürfnis, bewundert zu werden …	
V	Bedürfnis, sich selbst zu verstehen führt zu Selbsterforschung - SELBSTVERSTÄNDNIS - Furcht, mangelhaft zu sein, schwelgen in Phantasien, Bedürfnis, sich selbst zu verstehen …	

Fortsetzung Frage 71 siehe nächste Seite …

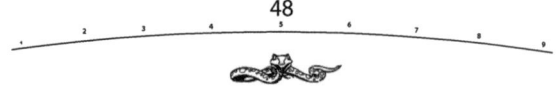

THEMA Frage 71	**Psychodynamischer Kreislauf** **Welche beiden innerpsychischen Dynamiken sind dir seltsam vertraut, welche entsprechen besonders deiner Persönlichkeit?**	**1 = sehr wichtig** 2 = zweit-wichtig
F	Bedürfnis, die Welt zu verstehen führt zur Beobachtung, Analyse - WELTVERSTÄNDNIS - Furcht, von der Welt überwältigt zu werden, abgelöst, losgelöst von der Welt und anderen, Bedürfnis, die Welt zu verstehen ...	
X	Bedürfnis nach Sicherheit führt zur Loyalität anderen gegenüber - SICHERHEIT - Furcht, im Stich gelassen zu werden, Misstrauen gegenüber anderen, Bedürfnis nach Sicherheit ...	
S	Bedürfnis, glücklich zu sein führt zum Erkunden, Genießen und Schätzen der materiellen Welt - LEBENSFREUDE - Furcht, des Glückes beraubt zu werden, positive Sinneseindrücke suchen und Leid vermeiden, Bedürfnis, glücklich zu sein ...	
A	Bedürfnis, selbstständig zu sein führt zu großer Stärke und Kraft - UNABHÄNGIGKEIT - Furcht, anderen zu unterliegen, kontrollieren andere und sich selbst, Bedürfnis, selbstständig zu sein ...	
N	Bedürfnis, sich zu verbinden führt zu Akzeptanz, Annahme, auf sich nehmen - VEREINIGUNG - Furcht vor Trennung, passen sich anderen an - Bedürfnis, sich zu verbinden ...	

THEMA Frage 72	**Redestile** **Welchen beiden Redestile bevorzuge ich in meinem alltäglichen Sprachgebrauch?**	**1 = sehr wichtig** 2 = zweit-wichtig
E	Predigt, ins Gewissen reden, auf Fehlverhalten aufmerksam machend	
S	Geschichten erzählen, lebendig, lebhaft, spannend, kurzweilig, milde	
N	Roman, „um den heißen Brei herum" erzählen, wenig definiert	
X	grenzziehend, häufig im Konjunktiv, freundschaftlich-tolerierend	
A	Bevormundung, freie Entscheidungen ausschließend, bestimmend	
F	Abhandlung, objektiv, sachlich, nüchtern, wissenschaftlich, emotionsarm	
D	Propaganda, ideenverbreitend, werbend, formend, steuernd	
Z	Ratschläge, verbal-unterstützend, empfehlend, manipulierend	
V	Klagelied, emotionales Beklagen, Betonung auf Mangel und Verlust	

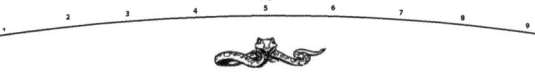

THEMA	Reisen	1 = sehr wichtig
Frage 73	**Besonders zwei der folgenden Beweggründe sind für mich immer wieder für eine Reise ausschlaggebend:**	2 = zweitwichtig
S	Abenteuer, Entdeckungen, Abwechslung, Vielfalt von Eindrücken, Spaß	
X	durchaus die eigene Heimat erkunden, Pauschalreisen	
V	Anregungen in fremden Kulturen finden, Einzigartiges erleben	
D	berühmte Orte und luxuriöse Unterkunft sind mir wichtig	
N	sich verwöhnen lassen, auch mal ausschlafen können, entspannen	
F	viel Neues beobachten und kennenlernen, Interessantes entdecken	
E	die kulturellen und weltanschaulichen Unterschiede verstehen	
Z	auch mal in Randgebieten fremde Menschen kennen- und lieben lernen	
A	Abenteuer wagen, den eigenen Weg gehen, die eigenen Kräfte spüren	

THEMA	Rollenmuster - Kopf-, Herz- oder Bauchmensch	1 = sehr wichtig
Frage 74	**In welchen charakteristischen zwei Rollenmustern erkenne ich mich persönlich am ehesten wieder?**	2 = zweitwichtig
V	Kreativer Individualist, Romantiker, Ästhet - Herzmensch	
F	Forschender Denker, Spezialist, erkennender Beobachter - Kopfmensch	
D	Freundlicher Erfolgsmensch, Impulsgeber, Katalysator - Herzmensch	
X	Loyaler Beschützer, Ausdauernder, Fragensteller - Kopfmensch	
Z	Gutmütiger Ratgeber, Altruist, Helfer - Herzmensch	
S	Unterhaltsamer Optimist, Generalist, Enthusiast - Kopfmensch	
E	Geduldiger Moralist, Perfektionist, Organisator - Bauchmensch	
A	Beschützender Herausforderer, Pragmatiker, Realist - Bauchmensch	
N	Friedfertiger Vermittler, Harmonieorientierter, Toleranter - Bauchmensch	

THEMA	Schwerpunkte im Missverhalten	1 = sehr wichtig
Frage 75	**Welche zwei Schwerpunkte im Missverhalten sind für mich besonders typisch, wenn ich psychisch nicht im Gleichgewicht bin?**	2 = zweit-wichtig
F	Ich entwickle ein einseitig hyperanalytisches Verhalten und resigniere beizeiten innerlich relativ schnell.	
D	Ich spiele (unechte) Rollen, die mir persönlich nicht ganz entsprechen.	
A	Ich handle schnell (und manchmal auch unüberlegt) exzessiv.	
E	Ich unterdrücke meine Impulse tendenziell durch Selbstkontrolle.	
X	Ich neige dazu, Dinge zu projizieren, den Schuldigen zu suchen etc.	
V	Ich entwickle ein einseitig hypersensibles Verhalten und gerate mitunter in den Zustand der Fassungslosigkeit.	
Z	Ich manipuliere mitunter meine Mitmenschen, auch wenn ich es eigentlich nur gut mit ihnen meine.	
S	Ich plane schnell einseitig intensiv für die weite Zukunft.	
N	Ich gerate schnell in einen Zustand der Passivität und Gleichgültigkeit.	

THEMA	Sehnsüchte	1 = sehr wichtig
Frage 76	**Welche zwei grundlegenden Sehnsüchte stehen bei mir - wenn ich ehrlich bin - im Vordergrund?**	2 = zweit-wichtig
D	ich selbst sein (zu dürfen) und nach Wahrhaftigkeit	
X	nach Mut und Angstfreiheit	
N	danach, gesehen zu werden und nach rechtem Handeln	
Z	nach Liebe, Geliebtwerden und Demut	
F	nach Allwissenheit und Nicht-Anhaften	
A	nach psychische Balance und nach Wahrheit	
V	nach Heimat, zu Hause anzukommen und nach Gleichmut	
S	nach Fülle und nüchterner Lebensfreude	
E	nach Vollkommenheit und (heiterer) Gelassenheit	

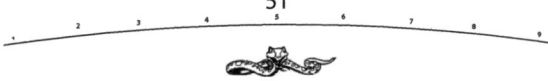

THEMA	Selbstbild	1 = sehr wichtig
Frage 77	**Wenn ich ganz tief in mich gehe und dort in mich hineinspüre, welche beiden Selbstbilder finde ich dort vor allem bestätigt?**	2 = zweit-wichtig
A	Ich bin mächtig, stark und unbesiegbar!	
E	Ich mache es richtig und habe Recht!	
D	Ich bin erfolgreich und fokussiert!	
F	Ich erkenne meine Umwelt durch Beobachten und Nachdenken!	
S	Ich bin glücklich, aktiv, fröhlich, positiv und optimistisch!	
N	Ich bin zufrieden, entspannt und umgänglich!	
Z	Ich bin hilfsbereit und liebevoll!	
X	Ich bin treu und tue meine Pflicht!	
V	Ich bin anders als andere, sensibel und einzigartig!	

THEMA	Selbstgefühl	1 = sehr wichtig
Frage 78	**Gehe ich mit meinem Bewusstsein erneut tief in mein Innerstes, welche beiden Varianten eines Selbstgefühls entdecke ich?**	2 = zweit-wichtig
N	Ich bin friedliebend!	
X	Ich bin liebenswert!	
D	Ich bin begehrenswert!	
Z	Ich bin liebevoll!	
F	Ich bin klug!	
A	Ich bin stark!	
V	Ich bin sensibel!	
S	Ich bin glücklich!	
E	Ich bin vernünftig!	

THEMA	Spezielle Ängste (Befürchtungen)	1 = sehr wichtig
Frage 79	Vor welchen beiden Dingen habe ich besonders Angst, welche zwei Themen befürchte ich am meisten?	2 = zweit-wichtig
V	verlassen zu werden, vor Verlorenheit und mangelhaft/fehler-haft zu sein	
N	einen Konflikt heraufzubeschwören und vor Trennung von anderen	
A	schwach und abhängig zu sein und anderen zu unterliegen	
X	im Stich gelassen zu werden und Angst davor, Angst zu haben	
F	von der Welt überwältigt zu werden und davor, etwas zu verlieren	
S	vor Anstrengung, vor Schmerzen, vor Leid und davor, des Glückes beraubt zu werden	
E	verurteilt zu werden, nicht genug zu sein und davor, Fehler zu machen	
D	wertlos zu sein, Misserfolg zu haben und davor, keine Anerkennung zu erhalten	
Z	nicht geliebt zu werden und davor, zurückgewiesen zu werden	

THEMA	Sportinteresse	1 = sehr wichtig
Frage 80	Welche beiden Aspekte faszinieren mich persönlich am Sport besonders?	2 = zweit-wichtig
X	Sportübertragungen im Fernsehen	
S	sportlicher Spaß bei den Athleten und Fans	
A	Power und voller Einsatz	
F	wissenschaftliche Grundlage für die Körperbeherrschung	
V	Ausdruck des Körpers	
D	Wettbewerb unter den Besten	
Z	Kameradschaft und Freundschaft trotz des Wettbewerbs	
E	Perfektion und Disziplin	
N	der alle verbindende sportliche Geist	

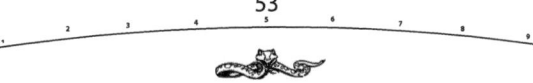

THEMA Frage 81	Sprachstile Welchen beiden Sprachstile bevorzuge ich in meinem alltäglichen Sprachgebrauch?	1 = sehr wichtig 2 = zweit-wichtig
E	belehrend, moralisierend, druckreif, ermahnend, korrigierend, gewählt, Fachsprache, korrekte Ausdrucksformen	
X	warnend, begrenzend, fragend, vorsichtig, prüfend, zweifelnd, leise	
S	schwatzhaft, plappernd, leicht, ausweichend, animierend, erzählend	
V	lyrisch, lamentierend, ästhetisch, bildhaft, rätselhaft, sphärisch, nebulös, gefühlsabhängig, unlogisch, emotional schwankend	
D	werbend, begeisternd, motivierend, ansprechend, auffällige Sprachmelodie, akzentuiert, über die Sprache Aufmerksamkeit schaffend	
A	herausfordernd, demaskierend, direkt, klar, tiefe, kraftvolle Stimme, laut (leise = es wird gefährlich!)	
Z	schmeichelnd, beratend, gütig, wohlwollend, herzlich, verniedlichend	
N	monoton, abschweifend, leise, keine Modulation in der Stimme	
F	erklärend, systematisierend, neugierig, interessiert, nüchtern, ruhige Sprache, überlegt, Pausen machend, redselig oder schweigsam	

THEMA Frage 82	Stärken/Qualitäten Welche beiden Stärken/Qualitäten besitze ich in besonderer Weise?	1 = sehr wichtig 2 = zweit-wichtig
S	Idealismus & Optimismus	
E	Perfektion & Verantwortungsgefühl	
V	Authentizität & Individualismus	
X	Sicherheit & Loyalität	
A	Gerechtigkeit & guter Beschützer	
N	Akzeptanz & Anpassungsfähigkeit	
Z	Hilfsbereitschaft & Großzügigkeit	
D	Effizienz & Dynamik	
F	Beobachtungsgabe & Wissbegierigkeit	

THEMA Frage 83	Statements des Partners (positiv) Welche beiden (positiven) Statement des Partners oder womöglich auch anderer naher Mitmenschen höre ich tendenziell öfter?	1 = sehr wichtig 2 = zweit-wichtig
Z	Du gibst mir das Gefühl, etwas Besonderes zu sein, bist großzügig und liebevoll.	
N	Du unterstützt mich, bist freundlich, weichherzig und urteilst nicht. Du verstehst meinen Standpunkt.	
V	Ich mag deinen Sinn für das Schöne, deinen Humor, deine Leidenschaft und Freundlichkeit. Du verstehst mich, hörst mir zu.	
A	Du bist offen, ehrlich, treu, fürsorglich und engagiert.	
E	Du bist humorvoll, ehrlich, treu, anspruchsvoll und oft mit Leib und Seele bei der Sache.	
S	Du bist liebevoll, großzügig, unbeschwert, es macht großen Spaß mit dir.	
F	Du bist klug, vertrauenswürdig, objektiv, ich kann gut mit dir sprechen.	
X	Du hast immer zu mir gehalten, bist warmherzig, fair und sehr humorvoll.	
D	Du bist verantwortungsvoll, großzügig und ich mag deine Verspieltheit.	

THEMA Frage 84	Statements des Partners (negativ) Welche beiden (negativen) Statement des Partners oder womöglich auch anderer naher Mitmenschen höre ich tendenziell öfter?	1 = sehr wichtig 2 = zweit-wichtig
Z	Du musst mich nicht immer nur dazu bringen, dich zu lieben, zeige mir lieber, was du in Liebesdingen benötigst!	
N	Ich wünschte, du würdest manchmal äußern, was *du* wünschst!	
V	Wenn wir uns wirklich nahe kommen, stößt du mich häufig weg!	
A	Du hast schnell etwas an mir auszusetzen, es fällt dir schwer, dich zu entschuldigen und deine Wutanfälle sind oft unerträglich!	
E	Du kritisierst mich sehr oft, bitte akzeptiere, dass ich nicht perfekt bin!	
S	Wenn ich über meine Probleme reden möchte, wendest du dich ab!	
F	Wenn ich dir zu nahe komme, ziehst du dich immer sehr zurück!	

Fortsetzung Frage 84 siehe nächste Seite …

THEMA Frage 84	Statements des Partners (negativ) Welche beiden (negativen) Statement des Partners oder womöglich auch anderer naher Mitmenschen höre ich tendenziell öfter?	1 = sehr wichtig 2 = zweitwichtig
X	Du bist manchmal sarkastisch und beherrschend und ziehst dich schnell zurück, wenn es dir in Bezug auf mich zu unsicher wird!	
D	Du spielst mir immer etwas vor, deine Arbeit ist stets wichtiger, zeige mir doch einmal, was du wirklich fühlst!	

THEMA Frage 85	Stressreaktionen In Stresszeiten reagiere ich automatisch vor allem auf zwei der nachfolgenden typischen Verhaltensmuster:	1 = sehr wichtig 2 = zweitwichtig
F	mich sehr zurückziehend, erschöpft, grübelnd, noch mehr im Kopf, emotional noch isolierter, zornig, depressiv	
E	schnell gereizt, aufbrausend, Sicherung kann durchbrennen, angespannte Muskulatur, kurzatmig, beleidigend, zornig, grollend	
X	sich noch mehr Sorgen machend, sehr ängstlich, selbst bei kleinen Dingen, erschöpft, voller Selbstzweifel, zornig bis aggressiv	
Z	schlaflos, ängstlich, unsicher, ungeliebt, entmutigt, enttäuscht, mitunter versteckt oder offen wütend	
A	exzessiver in allen Lebensbereichen, unruhiger Schlaf, Arbeitswut, sehr aggressiv, kontrollierend, ständiges Kaufen, zurückziehend	
D	arbeitseifrig, getrieben, kurz angebunden, mitunter feindlich, verbal aggressiv, ängstlich, isoliert, lethargisch	
N	ruhig oder sehr gesprächig, größeres Schlafbedürfnis, wird langsam, vergesslich, gereizt, stur, verweigert Dinge, fruchtloses Handeln	
V	launisch, ruhig, selbstbezogen, beschuldigend, depressiv, extrem gereizt, fassungslos, klagend bis zornig	
S	manisch bis depressiv, sehr gesprächig, mitteilsam oder total ruhig, sehr ängstlich, zornig, beschuldigend	

THEMA Frage 86	Subtypenbeschreibungen In welchen zwei der nachfolgenden Subtypenbeschreibungen finde ich wenigstens eine auf mich passende Beschreibung?	1 = sehr wichtig 2 = zweit-wichtig
S	a) Ich genieße den Spaß, das Essen und Trinken sowie die Familie. b) Ich begrenze mich selbst und bringe Opfer für die Gemeinschaft. c) Ideen, Menschen und Produkte faszinieren und beeinflussen mich.	
F	a) Mein Zuhause ist mein Rückzugsort, mein „Zimmer mit Aussicht!" b) Ich suche geistig abgehoben nach sozialen Symbolen & Systemen. c) Ich behandle Menschen und Dinge mit großer Vertraulichkeit.	
A	a) Ich beschütze und kontrolliere den Raum und die Familie. b) Ich bin Freunden und der sozialen Gruppe stark verpflichtet. c) Ich habe einen starken Hang zum Besitz (auch von Menschen).	
Z	a) Ich fühle mich privilegiert und erwerbe mir Anerkennung durch meine Dienste an Menschen. b) Ich suche nach menschlicher Anerkennung durch großen Ehrgeiz. c) Ich wende Verführung oder Aggression an, um Aufmerksamkeit zu erhalten.	
V	a) Ich bin rücksichtslos auf der Jagd nach Authentizität. b) Ich überwinde täglich meine soziale Scham. c) Ich trete in Wettstreit/Konkurrenz durch Stärke oder Stil.	
E	a) Ich überwinde meine Angst durch harte Arbeit und Selbstperfektion. b) Ich verhalte mich sozial korrekt, aber bin nicht anpassungsfähig. c) Ich bin häufig übergierig, maßlos oder auch sehr eifersüchtig.	
D	a) Ich erziele und strebe nach Erfolg und finanzieller Sicherheit. b) Ich strebe nach sozialem Erfolg und Prestige. c) Ich verfüge über das beste weibliche oder männliche Image.	
N	a) Ich habe großen Appetit auf Nahrung und Besitz. b) Trotz großer Belastbarkeit habe ich Probleme bei der gleichberechtigten Teilnahme an sozialen Gruppen. c) Ich strebe nach sexueller und spiritueller Vereinigung, ich habe einen inneren Drang, mit anderen Menschen zu verschmelzen.	
X	a) Ich suche Sicherheit durch Wärme und wohlwollende Zuneigung. b) Ich erfülle meine Aufgaben pflichtbewusst und treu. c) Ich überwinde Furcht durch Aufrechterhaltung von Stärke & Schönheit.	

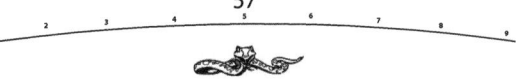

THEMA Frage 87	Symbolischer Archetyp Mit welchen beiden symbolischen Figuren (Archetypen) kann du dich spontan am besten identifizieren?	1 = sehr wichtig 2 = zweit-wichtig
D	Der wunderbare Magier	
F	Der mystische Philosoph	
A	Der mächtige Krieger	
E	Der gerechte Herrscher	
Z	Die göttliche Mutter	
V	Der große Künstler	
X	Der mutige Held	
S	Das magische Kind	
N	Der sanfte Heilige	

THEMA Frage 88	Tierentsprechungen Mit welchen beiden Aufzählungen von Tieren kann ich mich persönlich spontan am besten identifizieren?	1 = sehr wichtig 2 = zweit-wichtig
E	Ameise, Kranich, Geier, Gans, Biene, Ziegenbock, Terrier, Elch	
F	Igel, Dachs, Fuchs, Eule, Seestern, Maulwurf, Hamster, Papagei	
N	Wal, Bär, Schildkröte, Koala, Elefant, Lamm, Faultier, Delphin	
V	Pinguin, Basset Hound, Frosch, Seehundbaby, Nachtigall, Mops, Entlein	
A	Stier, Löwe, Nilpferd, Hai, Nashorn, Bulldogge, Tiger, Krokodil	
D	Chamäleon, Pudel, Eisvogel, Zierfische, Kater, Tukan, Pfau, Kolibri	
S	Affe, Zebra, Kuh, Giraffe, Schmetterling, Otter, Meerschweinchen, Krähe	
Z	Katze, Esel, Schwein, Känguru, Pandabär, Seepferdchen, Schwan, Henne	
X	Schnecke, Maus, Reh, Kanninchen, Hase, Schäferhund, Panther, Wolf	

THEMA Frage 89	Typische Kernformulierungen Von den nachfolgenden Formulierungen sind zwei Kategorien für mich besonders typisch:	1 = sehr wichtig 2 = zweit- wichtig
Z	„Das mache ich doch gerne!" „Was kann ich für dich tun?" „Das wäre doch nicht nötig gewesen!" „Soll ich dir nicht lieber helfen?" „Lass nur, ich mach das schon!" „Wie kann ich dir helfen?"	
V	„Das hat mich wirklich getroffen/verletzt, das tut mir weh!" „Das muss immer mir passieren!" „Das kann ich unmöglich akzeptieren!" „Ich bin ganz verzückt!" „Damit kann ich unmöglich leben!" „Das macht mich wirklich sprachlos/fassungslos!" „Ich bin verwirrt/irritiert! „Wie konnte sie/er mich ignorieren?" „Das ist einfach unfassbar!"	
X	„Ja, aber…!", Und wenn …?" „Haben wir auch wirklich an alles gedacht?" „Sicher ist sicher!" „Da kannst du sicher von ausgehen!" „Nimm dir lieber noch eine Ersatzhose mit!" „Da muss ich noch einmal drüber nachdenken!" „Ich habe mir dazu noch einmal Gedanken gemacht!" „Mir ist vor allem noch das aufgefallen!" „Was wäre wenn?"	
A	„Das ist aber unfair!" „Das lässt du dir doch nicht bieten, oder?" „Das lass ich mir bestimmt nicht gefallen!" „Das kläre ich aber mal sofort auf der Stelle" „Das ist doch unverschämt, das hat noch ein Nachspiel!" „Den knöpfe ich mir heute noch vor!"	
E	„Ordnung muss sein!" „Ohne Fleiß keinen Preis!" „Gut ist nicht gut genug!" „Das kannst du noch besser!" „Trotzdem…" „Es ist einfach nicht richtig, dass …!" „Man sollte …!" „Perfekt!" „Genau!"	
N	„Das macht doch nichts!" „Das ist schon gut!" „Kein Problem!" „Das kann ich gut verstehen!" „Setze mich bitte nicht unter Druck, hetze mich nicht!" „Immer eins nach dem anderen" „Ich bin halt etwas langsamer!" „Morgen ist auch noch ein Tag!" „Ich weiß auch nicht!"	
D	„Geht nicht gibt`s nicht!" „Das kriegen wir schon wieder hin!" „Du musst einfach nur ruhig sein (cool bleiben), dann funktioniert das schon!" „Das ist überhaupt kein Problem!" „Das schaffe (n) ich (wir)" „Musst du nicht zufällig noch …?" „Wie wäre es, wenn wir …!"	
S	„Das war doch nur Spaß!" „Verstehst du keinen Spaß" „Lass uns mal …!" „Das können wir uns doch wirklich einmal gönnen!" „Am besten kaufe ich beides!" „Wenn schon denn schon!" „Ein bisschen Spaß muss sein!" „Das ist eine gute Idee, das machen wir!"	
F	„Mach das doch einfach ohne mich!" „Kannst du mich einfach mal in Ruhe lassen?!" „Warum nervst du einfach immer?" „Warum bist du nur so hysterisch?" „Das kann man ganz objektiv erklären!"	

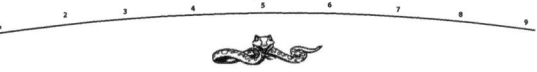

THEMA	Umgang mit Krankheit	1 = sehr wichtig
Frage 90	Welche beiden Beschreibungen im Umgang mit Krankheit/Erkrankung/Symptomen treffen auf mich am ehesten zu?	2 = zweit-wichtig
A	Ich lasse mich von der Krankheit nicht unterkriegen, mache alles, um schnell wieder stark und gesund zu werden.	
V	Ich steigere mich leicht hysterisch in meine Symptomatik hinein, frage mich „warum gerade ich?" und betone das Leid und den Schmerz.	
S	Ich bekomme häufig heftige Symptome, greife schnell zu Schmerzmitteln, Aspirin etc., damit es mir bald wieder gut geht.	
D	Ich möchte sobald wie möglich wieder einsatzfähig sein, um meine Arbeit wieder aufnehmen zu können.	
X	Ich habe Angst, dass sich die Symptome verschlimmern könnten und suche verzweifelt nach Lösungen, bin vorsichtig und ängstlich.	
Z	Ich suche das persönliche Gespräch, Trost und Zuspruch, bin misstrauisch bezüglich der Therapiefolgen, aber doch offenherzig.	
F	Ich möchte vor allem den Grund und die Hintergründe der Erkrankung wissen, um mir diese erklären zu können.	
E	Ich suche erst Hilfe auf, wenn ich selbst nicht mehr weiter weiß, bin kritisch-distanziert in Bezug auf die Therapie.	
N	Ich gebe gern die Verantwortung in die Hände anderer, verhalte mich eher passiv-diffus und träge gegenüber den Symptomen und betone auch Nebensächlichkeiten der Krankheit.	

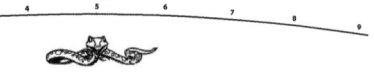

THEMA	Unerlöste, normale & erlöste Haltung	1 = sehr wichtig
Frage 91	Welche beiden Darstellungen der unerlösten, normalen und erlösten Haltung treffen auf mich am meisten zu?	2 = zweit-wichtig
F	a) *Unerlöste Haltung:* Isoliert, nihilistisch, exzentrisch b) *Normale Haltung:* Analytisch, distanziert, abstrakt c) *Erlöste Haltung:* Erfinderisch, weise, tatkräftig	
Z	a) *Unerlöste Haltung:* Manipulativ, beherrschend b) *Normale Haltung:* Mütterlich, gebend, aktiv c) *Erlöste Haltung:* Fürsorglich, freundlich, originell	
A	a) *Unerlöste Haltung:* Tyrannisch, gewalttätig b) *Normale Haltung:* Kontrollierend, konkurrierend c) *Erlöste Haltung:* Großzügig, führend, beschützend	
X	a) *Unerlöste Haltung:* Abhängig, aggressiv, feige b) *Normale Haltung:* Pflichtbewusst, vorsichtig c) *Erlöste Haltung:* Treu, mutig, vertrauensvoll	
D	a) *Unerlöste Haltung:* Opportunistisch, betrügerisch b) *Normale Haltung:* Pragmatisch, statusbewusst c) *Erlöste Haltung:* Kompetent, wahrhaftig, zuverlässig	
N	a) *Unerlöste Haltung:* Fatalistisch, desorientiert, stur b) *Normale Haltung:* Angepasst, unentschlossen c) *Erlöste Haltung:* Annehmend, friedfertig	
S	a) *Unerlöste Haltung:* Exzessiv, rechthaberisch, stümperhaft b) *Normale Haltung:* Aktiv, genießerisch, oberflächlich c) *Erlöste Haltung:* Fröhlich, vielseitig, nüchtern	
V	a) *Unerlöste Haltung:* Wehleidig, dekadent, todesverliebt b) *Normale Haltung:* Ästhetisch, romantisch, stilvoll c) *Erlöste Haltung:* Kreativ, natürlich, diszipliniert	
E	a) *Unerlöste Haltung:* Rechthaberisch, zersetzend, überkritisch b) *Normale Haltung:* Perfektionistisch, bedenkenvoll c) *Erlöste Haltung:* Kritisch wach, (heiter) gelassen, ethisch	

THEMA Frage 92	Unfallreaktionen Anlässlich eines Unfalls reagiere ich vor allem auf zwei der folgenden Arten (Reaktionen auf einen Unfall):	1 = sehr wichtig 2 = zweitwichtig
X	Ich erkenne die fürchterliche Dimension der Situation und unternehme alles, um die Ordnung zu wahren und den Notdienst zu alarmieren.	
F	Ich erkenne die sachliche Dimension und protokolliere die genauen Unfalldetails nach Faktenlage.	
D	Ich erkenne die pragmatische Dimension und leiste handlungsorientiert Unterstützung/Hilfe.	
E	Ich erkenne die ethische Dimension der Situation, frage, wer verantwortlich ist und sammle diesbezüglich Informationen.	
S	Ich erkenne die Dringlichkeit, das Ausmaß der Situation und suche nach Wegen, die Lage zu verbessern.	
V	Ich erkenne die emotionale Dimension des Schocks/der emotionalen Überforderung und beruhige die Beteiligten.	
Z	Ich erkenne die menschliche Dimension der Situation und frage mich, ob den Unfallbeteiligten etwas passiert ist und wie ich helfen kann.	
N	Ich erkenne die verwirrende Dimension der Situation und stehe zur Verfügung für alles, was benötigt wird.	
A	Ich erkenne die Notwendigkeit, die Führung und Verantwortung für die Situation zu übernehmen und leiste erste Hilfe.	

THEMA	Verhalten gegenüber der Gesellschaft	1 = sehr wichtig
Frage 93	Mein soziales Verhalten gegenüber der Gesellschaft drückt sich bei mir tendenziell auf folgende zwei Arten und Weisen aus:	2 = zweit-wichtig
N	Meist bleibe ich außen vor und lasse mich nicht wirklich auf die Gesellschaft ein. Ich verschließe mich und meide Probleme/Konflikte.	
E	Ich versuche immer, ein guter Mensch, ein gutes Mitglied der Gesellschaft zu sein und ärgere mich über Normverletzungen.	
S	Für mich stehen meine Bedürfnisse an erster Stelle, oft überfordert es mich, die Bedürfnisse anderer zu erfüllen.	
D	Ich deute und nutze die Regeln der Gesellschaft nach meinem Vorteil und für meine Zwecke effektiv und optimal.	
F	Ich lehne die Gesellschaft tendenziell ab und möchte am liebsten eigenständig agieren; Regeln und Vorschriften sind mir lästig.	
A	Ich bin stets auf der Hut, lasse niemanden zu nahe an mich heran. Ich komme allein klar, brauche die Gesellschaft nicht.	
Z	Ich interessiere und kümmere mich um die Bedürfnisse der Gesellschaft, vernachlässige manchmal mich selbst dabei.	
V	Ich gebe mich in Bezug auf die Gesellschaft unnahbar und als etwas Besonderes, bisweilen suche ich ihre Aufmerksamkeit.	
X	Ich biete zurückhaltend meine Hilfe an und gehe Verpflichtungen ein, ohne aber meine Unabhängigkeit dabei zu verlieren.	

THEMA	Verhalten zu den eigenen Kindern	1 = sehr wichtig
Frage 94	Das Verhalten zu meinen Kindern wird vor allem durch zwei der folgenden Beschreibungen besonders charakterisiert:	2 = zweit-wichtig
V	Ich erkenne und unterstütze das kreative Potenzial der Kinder und ihre Gefühle, entweder überkritisch oder zu lasch.	
N	Ich bin hilfsbereit, gütig, warmherzig, lasse zu viel durchgehen, gebe keine Anweisungen, friedlich, tendenziell eher antiautoritär	
E	Ich bringe den Kindern viel Verantwortung und strenge moralische Werte bei, bin beständig und gerecht, übe strenge Disziplin.	
Z	Ich höre den Kindern gut zu, bin warmherzig, ermutigend, spielerisch, selbstkritisch in Bezug auf die „richtige" Erziehung, aufopfernd	
D	Ich bin beständig, loyal, verlässlich, hin-und hergerissen zwischen Arbeit und Kindern, erwarte Ordnung und Verantwortung von ihnen.	
A	Ich bin fürsorglich, loyal, hingebungsvoll, setze mich für meine Kinder ein, manchmal überfürsorglich, fordernd, stur, ständiges Überwachen der Kinder, tendenziell zu viel Kontrolle.	
S	Ich bin großzügig, begeisterungsfähig, möchte den Kindern Spannendes bieten, beachte sie tendenziell nicht genug wegen eigener Aktivitäten.	
X	Ich bin liebevoll, fürsorglich, habe ein ausgeprägtes Pflichtgefühl, lasse den Kindern nur widerstrebend ihre Unabhängigkeit.	
F	Ich bin liebenswürdig, einfühlsam, tue alles für die Kinder, bin manchmal autoritär, fordernd, erwarte hohe intellektuelle Leistungen, bin intolerant gegenüber zu starken Gefühlen der Kinder.	

THEMA	Vermeidungsstrategien	1 = sehr wichtig
Frage 95	Folgende zwei Vermeidungsstrategien sind mir persönlich besonders vertraut:	2 = zweit-wichtig
F	Ich vermeide Leere/emotionale Nähe und suche nach Wissen!	
X	Ich vermeide abweichendes Verhalten und suche nach Sicherheit!	
V	Ich vermeide Gewöhnliches/mich verloren fühlen und suche nach Individualität!	
D	Ich vermeide Misserfolg/Versagen und suche nach Erfolg!	
S	Ich vermeide Schmerz und suche nach Lebensfreude und Spaß!	
A	Ich vermeide Schwachheit/ Schwäche und suche nach Kontrolle und Macht!	
Z	Ich vermeide Bedürftigkeit und suche nach Liebe und Geliebtsein!	
N	Ich vermeide Konflikte/Konfrontationen und suche nach Harmonie!	
E	Ich vermeide Zorn/Ärger und suche nach Perfektion!	

THEMA	Wahre Werte	1 = sehr wichtig
Frage 96	Welche wahren Werte sollte ich - wenn ich ganz ehrlich bin - persönlich meiner Meinung nach besonders entwickeln?	2 = zweit-wichtig
N	Verantwortung und rechtes Handeln statt Trägheit des Herzens	
Z	Liebe und Demut statt unterschwelligem Stolz	
S	Nüchternheit und Realitätssinn statt Völlerei und Ablenkung	
V	Echtheit und seelische Balance statt Neid und Hypersensibilität	
E	Geduld und heitere Gelassenheit statt untergründiger Reizbarkeit	
D	Wahrhaftigkeit und echte Gefühle statt Eitelkeit und Täuschung	
A	Güte und Unschuld statt Wollust und dominante Kontrolle	
X	Mut und Vertrauen statt Angst und Zweifel	
F	Offenheit und Großzügigkeit statt Geiz und Habsucht	

THEMA	Was andere lästig an mir finden	1 = sehr wichtig
Frage 97	Zwei von den folgenden Darstellungen, was andere an mir lästig finden, treffen auf mich in besonderer Weise zu:	2 = zweit- wichtig
S	Selbstbezogenheit, alles schönreden, in der Kommunikation vor allem senden	
E	(Unausgesprochene) Kritik, Perfektionismus, Rigidität	
F	Distanziertheit, für sich sein wollen, übermäßiges Fragen und Analysieren, schwer in emotionalen Kontakt zu kommen	
V	Gefühlsschwankungen, Schwermut, unrealistische Erwartungen	
D	Oberflächlichkeit/Unechtheit, mangelnde Integrität, Erfolgsstory	
N	Aufschieben oder Vermeiden von Problemen/Konflikten, mangelnde Klarheit	
Z	Übermäßige Hilfsbereitschaft/Einmischung, Manipulation, Bevormundung	
X	Misstrauen, Befürchtungen, zu viel Vorsicht und Bedenken, das Gefühl, getestet zu werden	
A	Kontrolle, Respektlosigkeit, Wahrheiten/Interessen nicht wahrnehmen	

THEMA	Weiterentwicklung (Transformation)	1 = sehr wichtig
Frage 98	Welche beiden der nachfolgend aufgeführten Themen sind für meine persönliche Weiterentwicklung besonders zentral?	2 = zweit-wichtig
E	akzeptieren, dass das Leben vollkommen ist, das Positive wahrnehmen, sich den eigenen Wahrheiten stellen, den verborgenen Humor zulassen, sich dem Leben aussetzen	
V	die Vielschichtigkeit der Seele kennenlernen, das „JA" zum Leben suchen, die inneren, verborgenen Schätze heben, das Profane lieben lernen, die Sehnsucht verstehen, die Welt zur Heimat machen	
F	Emotionen wahrnehmen und leben, spielen und tanzen, Ziele im Leben suchen, den tiefen Sinn erforschen, lieben lernen, Brücken zum realen Leben bauen	
X	Selbsterkenntnis gewinnen, angstauslösende Situationen aufsuchen, Projektionen vermeiden, sich nicht alles gefallen lassen, Mut und Vertrauen entwickeln	
S	Wege zum inneren Halt gehen, die innere Mitte suchen, Realitätsprüfung, mehr Bodenhaftung, bei Dingen bleiben und verharren	
A	Problemhierarchie erstellen, sich für sich selbst verantwortlich fühlen, stark sein durch das Eingestehen von Schwäche, den Egoismus erkennen, Kraft auch anderen schenken und zugestehen	
N	Konfliktfähigkeit trainieren, sich selbst erfahren, das Ursprüngliche erkennen, ins rechte Handeln kommen, Autoaggressivität überwinden	
D	Erfolg darf nicht Primärwert des Lebens sein, eigene Wahrheiten nicht mehr verdrängen, Gespräche mit sich selbst führen, auf die innere Stimme hören	
Z	anderen nicht die Verantwortung abnehmen, Sinngefühl und Stille suchen, sich selbst finden, die Aufmerksamkeit auf sich selbst richten, sich selbst helfen, die eigenen Bedürfnisse erkennen	

THEMA	Wettkampfneigung	1 = sehr wichtig
Frage 99	In diesen beiden Sportdisziplinen könnte ich es meines Erachtens am ehesten zu Höchstleistungen bringen:	2 = zweit-wichtig
Z	Rettungsfliegen	
N	Skilanglauf	
V	Segelfliegen	
F	Billard	
A	Boxen	
S	Tanzen	
X	Volleyball	
E	Schach	
D	Golf	

THEMA	Zentrale Lebensbereiche	1 = sehr wichtig
Frage 100	Welche der folgenden zwei zentralen Lebensbereiche sind in meinen Leben immer schon von großer Bedeutung gewesen?	2 = zweit-wichtig
N	Gesundheit & Harmonie	
A	Reichtum & Macht	
S	Kinder & Fröhlichkeit	
X	Familie & Sicherheit	
F	Wissen & Sammeln	
V	Hilfreiche Freunde & Individualität	
D	Karriere & Erfolg	
Z	Partnerschaft & Geliebtwerden	
E	Ruhm & Vollkommenheit	

5. Auswertung des motivationalen Enneagramm-Typentestes (Testergebnis)

E = Enneagrammtyp 1 Z = Enneagrammtyp 2 D = Enneagrammtyp 3	V = Enneagrammtyp 4 F = Enneagrammtyp 5 X = Enneagrammtyp 6	S = Enneagrammtyp 7 A = Enneagrammtyp 8 N = Enneagrammtyp 9

Auswertungstabelle (Datum_____/Testergebnis Typ _____)

Zählen Sie bitte die Buchstaben nach Wichtigkeit zusammen:	Anzahl		1. Platz-Ergebnis (mit 6 multipliziert)	2. Platz-Ergebnis (mit 3 multipliziert)
	1 = sehr wichtig	2 = zweit-wichtig		
Wieviel mal „E" (Typ 1):				
Wieviel mal „Z" (Typ 2):				
Wieviel mal „D" (Typ 3):				
Wieviel mal „V" (Typ 4):				
Wieviel mal „F" (Typ 5):				
Wieviel mal „X" (Typ 6):				
Wieviel mal „S" (Typ 7):				
Wieviel mal „A" (Typ 8):				
Wieviel mal „N" (Typ 9):				

GRATULATION - SIE HABEN ES GESCHAFFT! Nun nach getaner Arbeit können Sie Ihren **Enneagrammtest** mithilfe der obigen Tabelle auswerten, um zum erwünschten Testergebnis zu gelangen. Dabei tragen Sie bitte die **Anzahl der Buchstaben**, die Sie im Test mit **1 = sehr wichtig** gekennzeichnet haben, nach der Auszählung in die linke Spalte (unter **Anzahl**) unter den jeweiligen Buchstaben **E - Z - D - V - F - X - S - A - N** nach und nach in die **Auswertungstabelle** ein. Dasselbe wiederholen Sie bitte mit der Anzahl der Buchstaben, die Sie im Test mit **2 = am zweitwichtigsten** kennzeichneten, nachdem Sie diese Anzahl zuvor ausgezählt haben. Anschließend multiplizieren Sie das höchste Ergebnis (den höchsten Buchstabenwert) der linken Spalte *(1 = sehr wichtig)* mit der Zahl **6**, das Ergebnis aus der zweiten Spalte *(2 = zweitwichtig)* multiplizieren Sie bitte mit der Zahl **3**. Danach tragen Sie das Ergebnis Ihrer Multipli-

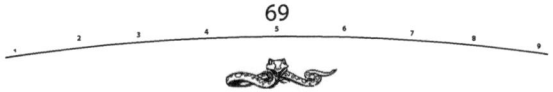

kation in die dafür vorgesehenen Felder der Tabelle *(1. Platz-Ergebnis und 2. Platz-Ergebnis)* ein. Vorausgesetzt, Sie haben die Fragen nach bestem Wissen und Gewissen mit größtmöglicher Bewusstheit beantwortet, entspricht das Testergebnis mit dem **höchsten Multiplikationswert** am ehesten Ihrem korrekten **Enneagrammtyp**, das Ergebnis mit den **zweithöchsten Multiplikationswert** könnte allerdings je nach Differenz zum höchsten Wert bei der Testauswertung ebenfalls Ihr Enneagrammtyp sein. In jedem Fall haben Sie durch die Beantwortung der Fragen schon eine Menge darüber gelernt, worauf es beim *Enneagramm* bzw. bei der *Typbestimmung* wirklich ankommt, nämlich auf die **Grundmotivation** des zu bestimmenden Menschen. Die *Motivation* bestimmt insofern - auch wenn sie regelmäßig **nicht bewusst** gelebt wird, nicht nur das *gesamte Handlungs- und Verhaltensmuster* eines Menschen, sondern wirklich *sein gesamtes Leben mit seinen Beziehungen, seinen Konflikten, seiner Art zu sein,* um dem Leben *bestmöglich* gegenüberzutreten. Ich wünsche Ihnen **von ganzem Herzen**, dass Sie mithilfe dieses Testes und ggfs. durch weiterführende Literatur sowie lebendige Erfahrungen im Bereich des Enneagramms klar erkennen können, welcher Enneagrammtyp Sie sind, d.h. **wer Sie wirklich sind** und was Sie in der Tiefe Ihres Seins ständig **antreibt** bzw. **motiviert**.

Damit Sie den Test noch häufiger als nur einmal auswerten können, werden nachfolgend noch *fünf weitere Auswertungstabellen* abgedruckt:

Auswertungstabelle (Datum_____/Testergebnis Typ [   ])

Zählen Sie bitte die Buchstaben nach Wichtigkeit zusammen:	Anzahl		1. Platz-Ergebnis (mit 6 multipliziert)	2. Platz-Ergebnis (mit 3 multipliziert)
	1 = sehr wichtig	2 = zweitwichtig		
Wieviel mal „E" (Typ 1):				
Wieviel mal „Z" (Typ 2):				
Wieviel mal „D" (Typ 3):				
Wieviel mal „V" (Typ 4):				
Wieviel mal „F" (Typ 5):				
Wieviel mal „X" (Typ 6):				
Wieviel mal „S" (Typ 7):				
Wieviel mal „A" (Typ 8):				
Wieviel mal „N" (Typ 9):				

Auswertungstabelle (Datum_____/Testergebnis Typ ⬜)

Zählen Sie bitte die Buchstaben nach Wichtigkeit zusammen:	Anzahl		1. Platz-Ergebnis (mit 6 multipliziert)	2. Platz-Ergebnis (mit 3 multipliziert)
	1 = sehr wichtig	2 = zweit-wichtig		
Wieviel mal „E" (Typ 1):				
Wieviel mal „Z" (Typ 2):				
Wieviel mal „D" (Typ 3):				
Wieviel mal „V" (Typ 4):				
Wieviel mal „F" (Typ 5):				
Wieviel mal „X" (Typ 6):				
Wieviel mal „S" (Typ 7):				
Wieviel mal „A" (Typ 8):				
Wieviel mal „N" (Typ 9):				

Auswertungstabelle (Datum_____/Testergebnis Typ ⬜)

Zählen Sie bitte die Buchstaben nach Wichtigkeit zusammen:	Anzahl		1. Platz-Ergebnis (mit 6 multipliziert)	2. Platz-Ergebnis (mit 3 multipliziert)
	1 = sehr wichtig	2 = zweit-wichtig		
Wieviel mal „E" (Typ 1):				
Wieviel mal „Z" (Typ 2):				
Wieviel mal „D" (Typ 3):				
Wieviel mal „V" (Typ 4):				
Wieviel mal „F" (Typ 5):				
Wieviel mal „X" (Typ 6):				
Wieviel mal „S" (Typ 7):				
Wieviel mal „A" (Typ 8):				
Wieviel mal „N" (Typ 9):				

Auswertungstabelle (Datum_____/Testergebnis Typ [   ])

Zählen Sie bitte die Buchstaben nach Wichtigkeit zusammen:	Anzahl		1. Platz-Ergebnis (mit 6 multipliziert)	2. Platz-Ergebnis (mit 3 multipliziert)
	1 = sehr wichtig	2 = zweitwichtig		
Wieviel mal „E" (Typ 1):				
Wieviel mal „Z" (Typ 2):				
Wieviel mal „D" (Typ 3):				
Wieviel mal „V" (Typ 4):				
Wieviel mal „F" (Typ 5):				
Wieviel mal „X" (Typ 6):				
Wieviel mal „S" (Typ 7):				
Wieviel mal „A" (Typ 8):				
Wieviel mal „N" (Typ 9):				

Auswertungstabelle (Datum_____/Testergebnis Typ [   ])

Zählen Sie bitte die Buchstaben nach Wichtigkeit zusammen:	Anzahl		1. Platz-Ergebnis (mit 6 multipliziert)	2. Platz-Ergebnis (mit 3 multipliziert)
	1 = sehr wichtig	2 = zweitwichtig		
Wieviel mal „E" (Typ 1):				
Wieviel mal „Z" (Typ 2):				
Wieviel mal „D" (Typ 3):				
Wieviel mal „V" (Typ 4):				
Wieviel mal „F" (Typ 5):				
Wieviel mal „X" (Typ 6):				
Wieviel mal „S" (Typ 7):				
Wieviel mal „A" (Typ 8):				
Wieviel mal „N" (Typ 9):				

6. Dynamische Darstellung der 9 Enneagrammtypen zum vertiefenden Studium

Nachdem Sie nun Ihr Testergebnis vorliegen haben, können Sie im Rahmen eines vergleichenden Studiums die einzelnen Enneagrammtypen in folgender dynamischer Darstellung vertiefend studieren, um auf diese Weise nach und nach Ihrem **wahren Enneagrammtyp** zu begegnen. Die nachfolgende Darstellung soll Ihnen neben einem guten Überblick auch ein Gefühl für die einzelnen Enneagrammtypen vermitteln. Für ein weitergehendes Studium des Enneagramms möchte ich an dieser Stelle auf das *8. Kapitel* auf den Seiten 89 und 90 dieses Buches hinweisen, indem ergänzende Literatur zur Vertiefung des Enneagramms aufgeführt wird. Nun aber zur **dynamischen Beschreibung der einzelnen neun Enneagrammtypen:**

Enneagrammtyp 1 *(Der Reformer, der Perfektionist, der Urteilende, der Idealist, der Anspruchsvolle, der Vollkommene, der Kritiker)*

Aggressionen (Zorn, Wut, Ärger) manifestieren sich in Perfektion, Vollkommenheit und Fehlervermeidung: Im Mittelpunkt des Enneagramm-Musters der **Eins** gibt es eine starke unbewusste Tendenz, die Wirklichkeit mit dem, was sein sollte *(= starkes Über-Ich!)*, zu vergleichen. Menschen dieses Musters haben in der Regel eine Reihe von Standards, durch die sie sich selbst bewerten, das Verhalten anderer und die Welt um sie herum. Der innere Richter ist gnadenlos und wird unbewusst nach außen projiziert. Die entsprechenden gelebten Ideale dieser Menschen unterscheiden sich jeweils von Person zu Person. Einige leben ihre strengen Ideale eher auf stiller geistiger Ebene, während andere eher auf menschlich-beratender Ebene ihre von einem starken Über-Ich geprägten Normen ausleben. Einige Menschen dieses Enneagramm-Musters mögen sich auf gute Manieren konzentrieren, während andere versuchen, soziale Reformen anzustreben. Oder der Mensch versucht einfach nur ein aufrechtes, moralisch hochstehendes Leben zu führen oder ist darauf bedacht, seinen Beruf so gut wie möglich auszuführen. In gewisser Weise gesund ist von diesem Standpunkt aus die Fähigkeit des **Enneagrammtyps 1**, sich um moralische Wahrnehmung und objektive Bewertung zu bemühen. Mehr als andere Enneagrammtypen versucht er, ethisch anspruchsvoll, leidenschaftslos und fair zu sein und nach diesen Grundsätzen auch zu handeln. Bewusste Menschen des **Typs 1** können selbstlos, moralisch heldenhaft und bereit sein, viel für ihre Prinzipien zu opfern. Haben sie eine Aufgabe oder ein konkretes Ziel, können sie hart und verantwortungsbewusst darauf hinarbeiten bis zur endgültigen Vollendung. Ethische Grundsätze und persönliche Integrität sind ihnen dabei wichtiger als reine Zweckmäßigkeit, Gewinn oder einfache Lösungen. Im bewussten Zustand zeigen die Menschen des **Typs 1** einen ausgeglichenen, fröhlichen Perfektionismus, der im Einzelfall durch eine vergebende und mitfühlende Haltung anderen Menschen gegenüber gemildert wird. Bei weniger bewussten **Einsern** degeneriert jedoch die Beschäftigung mit ihren Prinzipien und hohen Idealen zu einer ständigen Sorge um alltägliche Dinge. Unbemerkt schleicht sich hier das Ego der **Eins** gut verkleidet und für den **Einsertyp** unbemerkt, da unbewusst ein und höhere Moral wird zu scheinheiligem Moralismus, scharfsinnige Klugheit und objek-

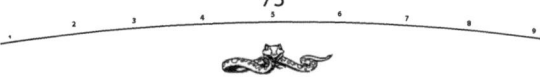

tive Einsicht in die Veränderungen des Lebens verwandeln sich in einseitiges Urteilen und Kritisieren. Im Zustand zunehmender Unbewusstheit wird sich der **Mensch des Einser-Musters** immer noch zugunsten der Normen weiterhin wie bislang in gewisser Weise „opfern", aber nach und nach entsteht in ihm ein immer größer werdendes Maß an **Groll** bzw. bricht der innere und bislang gut versteckte, nicht nach außen gerichtete **Zorn** schließlich doch hervor und statt zum Segen wird **Typ 1** dann zum Fluch für seine Mitmenschen. Der **Einser-Mensch** kann dann seiner Umgebung gegenüber mitunter offen kritisch entgegentreten, zuweilen sogar verärgert und böse werden, falls sein Reformeifer nicht von anderen genauso befürwortet wird. Äußerlich betrachtet arbeiten **Einser** in diesen Zeiten weiterhin hart und ausdauernd, halten sich beständig an ihre strengen Verhaltensmaßstäbe, doch durch den hervortretenden inneren Groll kann ihre ansonsten sachliche Ausdrucksweise durch scharfzüngige Bemerkungen unterbrochen werden. Ihre frühere innere souveräne Ausgeglichenheit und ihre ethischen Perspektiven weichen dann zunehmend einem dualistischen Denken, was sich dann reduziert auf ein „Entweder-Oder" oder „Richtig-Falsch", wobei komplexe Situationen schließlich „Schwarz-Weiß-Entscheidungen" nach sich ziehen. Der Versuch der **Eins**, ein guter Mensch zu sein, ist dann manchmal nur noch ein verkrampftes Unterfangen, führt dann zu allzu starrem Verhalten und einer Tendenz zur übertriebenen, obsessiven Sorge. Im unbewussten Zustand verteidigt die **Eins** ihre Wünsche und Ansichten mit allen Mitteln, auch wenn diese sich objektiv betrachtet als gar nicht so gut darstellen. Aber das kann der Mensch des **Enneagrammtyps 1** dann nicht mehr erkennen, zumal wenn die inneren negativen Impulse zunehmend durchbrechen und dem verzweifelten Versuch der **Eins** weichen, nach außen hin die Fassade von tugendhaftem Verhalten aufrechtzuerhalten. Daraus können dann ernsthafte soziale Probleme entstehen, weil **Einser** nicht erkennen können, wenn sie zornig und ärgerlich werden und dabei nicht bemerken, wie beleidigend oder repressiv sie sich anderen gegenüber verhalten. Fühlt sich die **Eins** unsicher oder kritisiert, besteht die Abwehrreaktion darin, starke Urteile zu fällen und dieser Enneagrammtyp fühlt sich dabei gerechtfertigt, anstatt die Realität zu akzeptieren, wie sie gerade ist. Nimmt diese Art von Unbewusstheit dem Leben gegenüber zu, können **Einser** blinden Eifer entwickeln, immer obsessiver werden und schließlich sogar paranoide Wahnvorstellungen entfalten. Sie sind dann mitunter zu tiefer Grausamkeit fähig im Dienste des Guten. Zunehmend kommt es in Fällen dieser Art zu moralischen Eitelkeiten und heuchlerischem Verhalten, wobei versucht wird, die einstigen Ideale wie besessen auf ungesunde Art und Weise zu realisieren. All das, was die **Eins** im dekompensierten Zustand an sich selbst und ihrem Verhalten missbilligt, wird sie bei anderen dann verurteilen. Sie erlaubt es sich selbst nicht, aus sich heraus moralisch schlecht zu handeln. Doch in diesem unbewussten Zustand verneint sie die eigenen inneren Bedürfnisse und Wünsche und projiziert sie nach außen. Die „unmoralische böse Welt" ist dann plötzlich für alles verantwortlich und die eigene „moralische Integrität" ist dann wieder einmal die Richtschnur für ihre Welt! Sind die Angehörigen dieses Enneagrammtyps relativ bewusst, sind sie moralisch hochstehend, verlässlich, produktiv, klug, idealistisch, gerecht, ehrlich, ordnungsliebend und diszipliniert. Relativ unbewusste **Einser** sind hingegen bewertend, unflexibel, dogmatisch, zwangsneurotisch, kritisch, überaus ernst, überwachend, ängstlich und mitunter eifersüchtig.

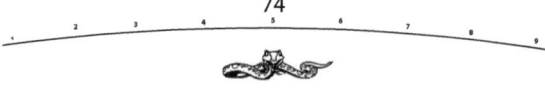

Enneagrammtyp 2 *(Der Helfer, die Liebende, der Hilfsbereite, der Verbindende, der Geber, der Mütterliche, der Abhängige)*

Emotionen (Gefühle, Scham) manifestieren sich in Stolz, Hochmut und Selbstgefälligkeit: **Zweier**, *Dreier* und *Vierer* bilden das sog. „emotionale Trio" des Enneagramms. Alle drei Enneagrammtypen verbindet einige allgemeine Tendenzen und Strömungen. Die Menschen dieses Trios erleben eine gewisse Art von ständiger Verwirrung ihrer Gefühle und in Bezug auf ihre Identität. Oft fehlt ihnen eine Klarheit über die Rollen, die sie nach außen spielen und in Hinsicht auf ihre Außenwirkung auf andere. Die drei Enneagrammtypen werden daher auch die **Image-Typen** genannt. Die Imagetypen können nicht einfach nur da sein, um geliebt zu werden. Bis zu einem gewissen Grad empfinden das alle Enneatypen, aber die Nummern *2*, *3* und *4* sind besonders anfällig für eine Verwirrung der inneren Gefühle und einen Identitätsverlust. Sie alle haben die generelle Tendenz, ihre tatsächlichen Gefühle zu verlieren, um einem bestimmten Image nach außen gerecht zu werden, indem sie sich im Spielen von Rollen verlieren. Den Kontakt zu sich selbst können sie nur finden, wenn sie allein sind. Sobald eine andere Person anwesend ist, richten **Zweier** ihre Aufmerksamkeit auf diesen Menschen und der Kontakt zu sich selbst bricht ab. Daher haben Menschen dieses emotionalen Trios die meisten Probleme und Konflikte in Beziehungen und in sog. Herzensangelegenheiten. Während beim **Typ 2** die Herzensenergie grundsätzlich überentwickelt ist, finden wir bei *Typ 3* häufig eine verdrängte Herzensenergie und beim *Typ 4* eine umgewandelte Energie des Herzens. Der **Enneatyp 2** ist der am meisten zwischenmenschlich-orientierte Typ aller Enneagrammtypen. Er denkt in Beziehungen und versteht das Leben daher grundlegend als ein Geben und Nehmen zwischen Menschen, mit denen er sich oft sehr verbunden fühlt; die Menschen in seiner Umwelt empfindet er als eine große Familie. Aufgrund dieser Sichtweise ist Liebe in jeder möglichen Form das Wichtigste, was eine **Zwei** ihren Mitmenschen potentiell geben kann. Der **Zweier-Typ** hat eine gut entwickelte Fähigkeit, sich emotional mit den Bedürfnissen anderer zu identifizieren. **Zweier** verfügen darüber hinaus über eine stark unbewusste Angewohnheit, eigene Gefühle auf andere zu übertragen und können dabei spüren oder intuitiv erraten, was andere Menschen fühlen oder benötigen. Gesunde **Zweier** nutzen diese Fähigkeit, indem sie anderen freiwillig helfen oder sich mit ihnen identifizieren als Akt der Nächstenliebe. Im bewussten Zustand kümmern sie sich um die Bedürfnisse ihrer Angehörigen und Freunde. Danach sind gesunde **Zweier** aber auch fähig, zu sich selbst zurückzufinden, um auch die eigenen Bedürfnisse wahrzunehmen und sich ihnen zu widmen und damit ihre eigene emotionale Wahrheit zu leben. Kurzum: Eine ausgewogene Balance zwischen Geben und Nehmen finden wir bei gesunden Enneagrammtypen des **Musters Nr. 2**. Im Idealfall einer **Zwei** leisten diese Menschen oft in besonderer selbstloser Weise Dienst am anderen Menschen, aber diese Fälle sind in der Praxis doch eher selten, weil die meisten Menschen von egoistischen Eigeninteressen geleitet werden, wenn diese auch oft sehr subtil erscheinen und damit oft verdeckt sind. In den Fällen, in denen sich die **Zwei** in Richtung Unbewusstheit entwickelt, beginnt sie, ihre wahren Bedürfnisse zu unterdrücken und richtet ihre Energie auf die Mitmenschen ungeachtet der Tatsache, ob diese Hilfe benötigen oder nicht. **Zweier** neigen dazu, sich in anderen

Menschen zu verlieren und finden dann innerlich nicht mehr zu sich selbst zurück. Manchmal leben sie in co-abhängigen Beziehungen und Bindungen zu anderen Menschen in der Hoffnung, anerkannt zu werden. *Zweier* können auch Ängste vor dem Alleinsein oder gar vor dem Verlassenwerden entwickeln. Identifizieren sie sich zu sehr mit ihren Mitmenschen, verlieren sie das Gefühl für sich selbst und versuchen dann kompensatorisch, durch zwanghaftes Geben und übermäßige Fürsorge um andere sich selbst zu finden, was natürlich letztlich nicht funktionieren kann. Denn dabei versuchen sie dann das Unmögliche: Durch einen anderen Menschen sich selbst zu finden! Hierbei setzt die *Zwei* unter Umständen zunehmend Schmeichelei, Verführung und Manipulation gegenüber anderen ein, um durch die Umgebung ihre Grenze zu finden und Antworten zu bekommen. Das innere Bedürfnis zu geben kann derartig starke Ausmaße annehmen, dass das Geben egoistische Züge aufzuweisen beginnt und das Gegebene ein *„unsichtbares Preisschild"* bekommt. Oft wird dann der Preis überdurchschnittlich hoch, denn er dient als Ausgleich des Verlustes der wahren Essenz des *Enneagrammtyps 2*. Sie bitten nicht von selbst um das, was sie sich von anderen wünschen (vor allem Zuneigung, Aufmerksamkeit und Liebe!), sondern geben es selbst, entweder direkt oder symbolisch, in der Hoffnung, es von anderen zurückzubekommen. Die Gaben der *Zwei* sind also im Zustand der Unbewusstheit oder Krankheit insgeheim alle eigennützig und geprägt von hohen inneren Erwartungen. Die Bedeutung ihrer Hilfe anderen gegenüber wird dann stark übertrieben dargestellt und die *Zwei* fühlt sich dann zunehmend ausgenutzt von ihren Bezugspersonen, weil es aus ihrer Sicht zu einem starken Ungleichgewicht zwischen Geben und Nehmen gekommen ist. Daher ist es nicht verwunderlich, dass Angehörige des *Enneatyps 2* wahre Kämpfe in ihren Beziehungen austragen können, denn es ist für die *Zwei* wichtig, die eigenen wahren Gefühle und Motivationen genau abgrenzen zu können von denen anderer Menschen. Ein gesteigertes und oft übertriebenes Gefühl des eigenen Wertes versteckt sich mitunter hinter einer Fassade von Stolz. Wenn *Zweien* wirklich unbewusst werden, d.h. in den ungesunden Zustand verfallen, wird dieser übertriebene Stolz zum auffälligsten Merkmal von *Zweien*. So liebe- und hingebungsvoll gesunde *Zweier* sein können, so feindselig können sie im dekompensierten Zustand werden. Liebe und Hass sind dann die dominanten Polaritäten des Seins beim *Enneatyp der 2*. Sie täuschen sich im unbewussten Zustand selbst über ihre wahren Motive und oft ersetzen sie ihre wahren Gefühle von Verzweiflung und Aggression durch das Image des selbstlosen Märtyrers, dem man doch so viel schuldet für seine umfassenden Bemühungen seinen Mitmenschen gegenüber. Falls der seelische Zustand des Ungleichgewichts weiterhin entgleist, können ungesunde *Zweier* anderen gegenüber offen destruktiv, manipulierend und feindselig gegenübertreten. Sind die Angehörigen dieses Enneatyps relativ bewusst, sind sie liebevoll, fürsorglich, anpassungsfähig, einsichtig, großzügig, begeisterungsfähig und einfühlsam. Relativ unbewusste *Zweier* sind hingegen indirekt in ihren Äußerungen und Taten, verhalten sich manipulierend, besitzergreifend, mitunter hysterisch und überschwänglich, oft übermäßig zuvorkommend und fühlen sich am Ende als *„Opferlämmer"* dieser Welt.

Enneagrammtyp 3 *(Der Dynamiker, der Erfolgreiche, der Selbstdarsteller, der Aktive, der Statusmensch, der Gewinner, der Vorbildliche, der Glänzende)*

Emotionen (Gefühle, Scham) manifestieren sich in Eitelkeit, Äußerlichkeit und Leistungsstreben: Im Gegensatz zu *Zweien* identifizieren sich Menschen des **Enneatyps 3** weniger mit dem Ideal der Hilfsbereitschaft als vielmehr mit dem Image von Erfolg und Produktivität. Sie erwarten von anderen geliebt zu werden aufgrund dessen, was sie tun oder geleistet haben und nicht aufgrund ihrer Persönlichkeit oder ihres Menschseins an sich. So bewegen sie sich ständig zwischen Schein und Sein mit einer starken Tendenz zu ersterem, um das innere Gefühl der Unvollkommenheit zu bewältigen, indem sie sich ihrer Umwelt derartig präsentieren, dass diese sie lobenswert findet. Im unbewussten bzw. kranken Zustand neigt die **Drei** dazu, völlig abgeschnitten von ihren tieferen Gefühlen zugunsten ihres äußeren Bildes zu leben. So findet man hierunter oft Menschen, die immer die Besten, immer an der Spitze stehen möchten und dabei aktiv bleiben wollen, stets beschäftigt mit neuen Ideen und Vorhaben, nie dabei zur Ruhe finden und schon wieder das nächste Projekt, den nächsten Gipfel anvisiert haben. So „opfert" die **Drei** alles, um so zu sein, wie andere sie vermeintlich haben wollen, erfolgreich und leistungsstark, bis sie sich schließlich immer mehr von sich selbst entfremdet und dabei nach und nach sich selbst opfert wie ein Spinnenmännchen. Im Allgemeinen sind Angehörige dieses **Typs 3** ziel- und leistungsorientiert, lernen schnell, sind gut organisiert, flexibel und fleißig. **Dreien** im gesunden Zustand können ihre Fähig- und Fertigkeiten ausgezeichnet in beruflichen oder privaten Lebensbereichen einsetzen, sie sind energisch und fröhlich mit einem positiven Blick in die Zukunft und einem selbstbewussten Umgang mit Herausforderungen. Identifizieren sie sich jedoch zu sehr mit der „Maske" ihrer Persönlichkeit, führt diese Entwicklung zu einem inneren Verlust von der eigenen Identität; chamäleonartig verstricken sie sich dann immer mehr in die nach außen gespielte Erfolgsrolle, was dann zu einem Gefühl der Unzulänglichkeit und innerer Minderwertigkeit führt. Statt ihre wahren Gefühle zu leben, tragen sie eine Maske von Gefühlen vor sich her, welche jegliche Authentizität vermissen lässt. Zweckmäßigkeit und Effizienz werden zu den vordergründig wichtigen und bestimmenden Faktoren im Leben der **Drei** zulasten der eigenen inneren Gefühle, die zunehmend immer weniger wahrgenommen werden bis hin zu einem Gefühl des „Nichtfühlens", welches im unbewussten Zustand der **Drei** von diesen Menschen oft sogar genossen wird. Sie selbst sind die leistungsstarken Motoren, deren Zweck es ist, mit hoher Geschwindigkeit von einer Aufgabe zur nächsten zu gelangen bis hin zur erklärten Zielgeraden. Manchmal benutzen Angehörige dieses **Enneatyps der 3** sogar in ihrer Art zu sprechen Metaphern aus dem Sportbereich, wo es ja bekanntlich genau um Leistung, Zielerreichung, Wettbewerb und Siegen geht. Das Leben ist danach ein Spiel, dessen Zweck es ist, zu gewinnen! Der erfolgreiche Sportler muss sich selbst immer wieder zu neuen Höchstleistungen anspornen und benutzt seine Beziehungen hauptsächlich als Sprungbrett für beruflichen Erfolg. So kann die einst gesunde Flexibilität der **Drei** sich allmählich in arrogante Berechnung umwandeln und in die Entwicklung von amoralischen Strategien degenerieren. Wenn Erfolg und Gewinn zum Kern des Lebens geworden sind, macht sich die **Drei** schließlich selbst zur Ware und verkauft ihre wahre Identität. Im stark dekompensierten Zustand kann die **Drei** dann gar bösartig und feindselig werden, herzlos, glatt und eiskalt berechnend, glaubt dann ihre eigenen Lügen und wird mitunter zu einem Menschen ohne Gewissen. Sie arbeitet dann hart, um andere mit der Illusion von eigener Überlegenheit zu betrügen, aus der mitunter rachsüchtige Gefühle des Triumphes über andere hervorgehen. Wer schon einmal jemanden absichtlich und böswillig belogen hat, kann den Stachel dieser Haltung gut nachvollziehen. Sie verstecken ihre wahren Motive dann vor sich selbst und anderen Menschen und identifizieren sich nur noch über den weltlichen Erfolg, was dauerhaft auch regelmäßig in eine gesundheitliche Sackgasse mit zahlreichen daraus resultierenden Erkrankungen führen muss. Sind die Angehörigen dieses Enneagrammtyps relativ bewusst, sind sie optimistisch, zuversichtlich, tüchtig und arbeitsam, praktisch, energisch und antriebsstark. Relativ unbewusste **Dreier** sind hingegen tendenziell hinterlistig, eigensüchtig, großspurig, eitel, oberflächlich, rachsüchtig und aggressiv.

Enneagrammtyp 4 *(Der Romantiker, der Künstler, der Individualist, der Ästhet, der Tragiker, der Sensible, der Dramatiker)*

Emotionen (Gefühle, Scham) manifestieren sich in Neid, Außergewöhnlichkeit und Melancholie: Ähnlich wie *Enneatyp 1* vergleicht der **Typ 4** die Realität mit dem, was aus seiner Sicht sein könnte. Während *Einser* auf die Unvollkommenheit der Welt schauen und vielleicht den Wunsch haben, alles zu korrigieren, was ihres Erachtens falsch ist, wenden sich **Vieren** oft von der Realität ab und leben in ihren Gedanken, Gefühlen und Stimmungen. Gemeinsam mit *Zweien* und *Dreien* teilen die **Vieren** die Neigung zur Eitelkeit und der Verwechslung ihrer wahren Persönlichkeit mit einem Image, aber sie können sich durch dieses Image paradoxerweise sehr gut ausdrücken. **Vieren** vermögen es im besonderen Maße, sich vor allem mit einem Bild des Mangels zu identifizieren, denn sie können durch ein derartiges Image einzigartig und besonders erscheinen. So kann eine **Vier** beispielsweise ihr Unzulänglichkeit, in der alltäglichen Welt erfolgreich zu sein, beklagen, aber innerhalb dieses mangelhaften Images versteckt sich paradoxerweise eine subtile Qualität von sich rühmender Prahlerei. Dies funktioniert üblicherweise durch ein romantisch-tragisches Selbstbild, was zugleich aber auch elitär ist. Sie können Stolz darauf sein, wie einzigartig sie sind in ihrem ungewöhnlichen Mangelzustand sowie in ihrer von Leid getragenen Existenz. Sie sind auf jeden Fall etwas Besonderes, gerade weil es ihnen oft so einzigartig schlecht geht. Ihre Stärke ist ihre emotionale Vorstellungskraft und Menschen vom **Typ 4** werden daher auch oft als Künstler beschrieben. Bewusste **Vieren** sind in der Regel idealistisch, haben einen guten Geschmack und sind große Kenner des Schönen, Edlen und Wahren. Durch ihren inneren Reichtum an Phantasie und Vorstellungskraft filtern sie die Realität auf subtile Weise und sind Meister im metaphorischen Denken, können also nicht verwandte Tatsachen und Ereignisse gut miteinander verbinden. Die Fähigkeit der gesunden **Vier**, die Dinge des Lebens symbolisch zu betrachten, wird durch ihre emotionale Intensität noch gesteigert. In diesem Zustand können sie wahrhaft kreativ und schöpferisch tätig sein. Auch spirituell können sie mit ihren spezifischen Fähigkeiten im bewussten Zustand Selbstverwirklichung und Selbsterkenntnis

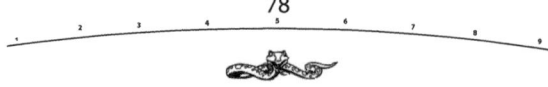

erreichen und so zum Segen ihrer Mitmenschen werden. **Vieren** schätzen die Ästhetik von Schönheit genauso wie die Tragik des menschlichen Daseins. Im gesunden Zustand können sie den Schmerz des Lebens in Sinnvolles umwandeln, z.B. durch kreative Arbeit in allen Lebensbereichen. Ihre hervorragenden Fähigkeiten bei der Artikulation von Gefühlen und subjektiven Erfahrungen befähigen sie zum hilfreichen Dienst am Mitmenschen. Sie können einfühlsame Freunde sein, die in der Lage sind, die Problematik des anderen mit einer großen Portion Empathie zu verstehen und vor allem die Fähigkeit besitzen, den Schmerz des Freundes zu teilen. Geraten die Angehörigen vom **Typ 4** in die Unbewusstheit, beginnen sie sich auf das zu konzentrieren, was in ihrem Leben nicht verfügbar ist oder fehlt. Dann reagieren sie schnell negativ und kritisch, tadeln andere vorschnell und erkennen nur noch das Elend und das Bedrohliche in der Gegenwart. Sie neigen dann dazu, sich nach innen zu wenden, sich von der Realität der Welt abzukehren und mithilfe ihrer Phantasie und Kreativität in die Vergangenheit oder in die Zukunft zu fliehen. Die Vergangenheit wird dann oft ver-klärt zulasten der nicht mehr wahrgenommenen Schönheit des jetzigen Momentes. Alles in Vergangenheit und Zukunft scheint attraktiver zu sein als die gegenwärtige Situation und das Gras auf der anderen Seite des Zauns ist immer grüner als das auf der eigenen Seite. Neidgefühle wachsen mit zunehmender Unbewusstheit der **Vier** für alle Dinge, die sie jetzt nicht besitzt, was immer das auch im Einzelfall sein kann. Gleichzeitig wächst auch das Bedürfnis und die innere Notwendigkeit der **Vier**, als jemand Besonderes und Einzigartiges gesehen zu werden. Das damit verbundene äußere Verhalten kann mitunter neurotische Züge annehmen. **Vieren** können im gesunden Zustand einerseits sehr gut in Kontakt mit ihren Gefühlen sein, aber sie haben in Zeiten größerer Unbewusstheit die Eigenart, auf defen-sive Weise ihre authentischen Gefühle in melodramatische zu transformieren. Dann sind sie voll von Klage, Jammern und Sehnsucht nach dem Nichtvorhandenen, fordern dann einerseits anspruchsvoll Anerkennung ihrer Mitmenschen und weisen andererseits jegliche Hilfe von Freunden zurück. In diesen Zeiten können sie eigene Erfolge nicht mehr genießen, begeben sich in den Wettstreit mit anderen bis hin zu boshaftem Verhalten ihnen gegen-über. Schließlich verlieren sie an Disziplin im Alltag, befreien sich von alltäglichen Regeln, lassen sich zu launischem Verhalten hinreißen, reagieren überempfindlich auf ihre Umwelt und werden insgesamt immer handlungsunfähiger. Zunehmend mit sich selbst beschäftigt erkennen sie nicht mehr die Bedürfnisse ihrer Verwandten und Freunde und geben sich selbst die Erlaubnis, egoistisch, verantwortungslos und unverschämt zu handeln. Nur noch ihre sehr subjektive, gefärbte Sicht zählt nun und sie lehnen es zunehmend ab, gewöhnliche Argumente ihrer Mitmenschen zu berücksichtigen. Sie sind dann nicht mehr „von dieser Welt" und ihr Verhalten kann dann für andere kaum noch nachzuvollziehen sein, je nach Konditionierung der **Vier**. Mitunter kann sie auch in alte Kindheitsmuster zurückverfallen, eine Form des Lebens in der Vergangenheit. Auch wenn sie in solchen unbewussten Zustän-den nach außen hin Stärke demonstrieren, fühlen sie innerlich immer mehr Schuld, Beschä-mung, Traurigkeit, Eifersucht und Unwürdigkeit, denn es kommt zu einer zunehmenden Diskrepanz zwischen äußerer Darstellung und innerem Gefühl von Leere und Verlorenheit. Die **Vier** gerät so langsam in eine erschütternde Welt der Qualen und des Leidens mit Ten-denzen zur Selbsterniedrigung und masochistischen Zügen, einhergehend mit einer gewissen

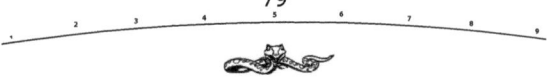

Extravaganz im Verhalten. An diesem Punkt sind *Vieren* dauerhaft entfremdet von sich selbst und unerreichbar für andere. Tief versunken in einem Gefühl von Hoffnungslosigkeit ist ihre Lebenssituation dann gekennzeichnet durch morbiden Selbsthass und depressive Gedanken an Selbstmord. Sie sehen ihre einst so positiv empfundene Besonderheit und Einzigartigkeit nun eher als negative Andersartigkeit und verbannen sich selbst in eine Art inneres Exil, unerreichbar für ihre Mitmenschen. Sind die Angehörigen dieses Typs relativ bewusst, sind sie warmherzig, mitfühlend, verinnerlicht, ausdrucksvoll, schöpferisch, intuitiv, hilfsbereit und differenziert. Relativ unbewusste *Vierer* können hingegen deprimiert, unsicher, schuldbeladen, in sich gekehrt, stur, launenhaft und nur mit sich selbst beschäftigt sein. Sie können auch zu Moralpredigern werden und dann an den *Enneatyp der 1* erinnern.

Enneagrammtyp 5 *(Der Denker, der Philosoph, der Zurückgezogene, der Abstrakte, der Intellektuelle, der Wissende, der Beobachter)*

Ängste (Sorgen, Befürchtungen) manifestieren sich in Geiz, Distanz und Rückzug: **Fünfer**, *Sechser* und *Siebener* verbindet ein gemeinsames Grundgefühl der Angst und außerdem bilden diese drei Enneagrammtypen ein weiteres *„emotionales Trio"* wie schon die *Grundtypen 2, 3* und *4*. Im Gegensatz zu *Zweien, Dreien* und *Vieren* ist dieses emotionale Trio jedoch nicht verwirrt in Bezug auf seine Gefühle oder auf das Grundgefühl, wer sie sind. Stattdessen neigen sie dazu, unbewusst die „Gefahren des Lebens" vorherzusehen und daher auf viele Situationen des Lebens ängstlich zu reagieren. **Fünfer**, *Sechser* und *Siebener* sind im Allgemeinen die Denker, also Menschen, die mehr in ihren Köpfen als in dem Rest ihres Körpers leben. Sie tragen dabei ganz spezifische Lebenskämpfe aus und versuchen dabei, ihren Willen in der Umwelt durchzusetzen. Die Ängste des **Enneatyps 5** sind fast alle in sozialen Bereichen anzusiedeln. Sie fürchten sich fast schon gewohnheitsmäßig davor, überfallen oder von anderen Menschen verschlungen zu werden. Nach außen hin wirkt dieser **Typ 5** daher auch am meisten antisozial von allen Enneagrammtypen, vor allem dann, wenn er sich in einem sehr ungesunden Zustand befindet. Dabei zieht er sich regelmäßig von der Außenwelt in irgendeiner Art und Weise in die Defensive zurück und distanziert sich so als eine Möglichkeit, seine Überempfindlichkeit in den Griff zu bekommen. Im Allgemeinen fürchten sie zu enge Beziehungen und Freundschaften, in denen sie sich leicht überfordert fühlen können und dabei das Gefühl haben, zu ersticken. **Fünfer** leben fast ausschließlich in ihren Gedanken, während *Vierer* zum größten Teil in ihren emotionalen Vorstellungen leben. Bewusste **Fünfer** leben in einem gewissen Gleichgewicht zwischen Interaktion mit der Welt und Rückzug von dieser. Diese Art zu leben wird häufig von anderen Menschen mit kenntnisreicher Kompetenz und Wissensreichtum, mitunter mit der Vorstellung von Genialität verbunden. Gesunde **Fünfer** drücken sich gekonnt in der Welt aus und geben die Früchte ihres profunden Wissens und ihrer umfangreichen Erkenntnisse an ihre Mitmenschen weiter. Lehren und Schreiben sind häufige Beschäftigungen und dort liegen oft auch die Talente der **Fünf**. Aber unabhängig davon, in welchen Bereichen sie tätig sind, weist das umfangreiche Wissen der **Fünf** über sie selbst hinaus, ihr Wissen hat eine idealistische Qualität, welches sie im bewussten Zustand gern auf selbstbewusste Art und Weise zum Wohle der Menschheit weitergeben. So leisten

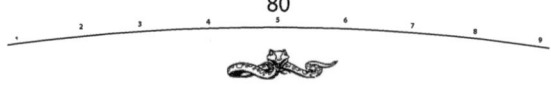

sie mitunter wichtige Beiträge in Forschung und Lehre und tragen damit zu einer gesunden Weiterentwicklung der Menschheit bei. Auch können bewusste *Fünfen* sehr gut die buddhistische Lehre des *„Nicht-Anhaftens"* realisieren, indem sie sich auf das Spiel des Lebens auf vorurteilsfreie und offen wahrnehmende Weise einlassen, ohne immer nur ein zukünftiges Ziel oder andere Ergebnisse im Hinterkopf zu haben. Als Freunde sind sie dann befähigt, den Standpunkt des Gegenübers genauso gut zu verstehen wie ihre eigene Sichtweise. Sie können dann sehr sympathisch und empathisch sein und trotzdem noch in der Lage, die Ereignisse aus einer weit genug entfernten und objektiven Perspektive zu betrachten und zu beurteilen, um eine persönlich gefärbte einseitige Sicht auf die Dinge zu vermeiden. Im bewussten Zustand ist die *Fünf* also auch zu Gutmütigkeit und Herzenswärme zum Wohle anderer fähig. Ändert sich aber der Zustand der *Fünf* in Richtung Unbewusstheit bzw. Krankheit auf geistiger Ebene, kann sich das Ideal der Nicht-Anhaftung schnell in eine Abgrenzung von der Umwelt verwandeln, insbesondere dann, wenn der *Enneagrammtyp 5* sich seinen Neigungen entsprechend innerlich von seinen Gefühlen abschneidet. Der Grund dafür liegt in der Regel darin, dass die *Fünf* sich den Forderungen der Welt in überbewusster Weise gewahr wird, einschließlich der Forderung, Gefühle zu zeigen. Passiv antwortet die *Fünf* darauf mit Rückzug. Das kann zunächst wie eine Art von Unabhängigkeit von der menschlichen Umgebung aussehen und als positiv aufgenommen werden. Aber diese Unabhängigkeit ist zugleich auch eine gewisse Art von Verteidigung mit einer damit verbundenen starken antisozialen Grenzziehung, um in erster Linie die eigene übermäßige Empfindlichkeit der *Fünf* zu kompensieren. Die Abschottung von anderen wird nach und nach zur Gewohnheit. Die Idee dahinter ist folgende: „Wenn ich nur mit weniger von allem auskommen kann, werde ich die Einflüsse anderer auf mich vermeiden können!" Dies führt zu einer Tendenz des Hortens, des Haltens und des Rettens des wenigen, was sie an sozialen und auch finanziellen Ressourcen besitzen, um weniger zu benötigen und sich zurückzuziehen. So hortet die *Fünf* alles Mögliche: Zeit, Geld, Raum, Land, Informationen, Wissen, Erkenntnisse oder auch emotionale Verfügbarkeit. Dabei spielt es im Prinzip keine Rolle, was gehortet oder gehamstert wird, denn das dahinterliegende Muster ist immer dasselbe. Auf diese Weise versucht sich der *Typ 5* vor den (emotionalen) Anforderungen, die seine Umwelt an ihn stellt, durch Flucht auf eine innere Insel als Rückzugsort zu schützen. Von dort leben *Fünfer* ein Leben in einer Welt der Informationen und der Ideen und können so die Distanz zu den eigenen Emotionen aufrechterhalten. Je mehr sie sich jedoch auf diese Weise von der Welt abschotten, desto mehr haben sie mit dem Gefühl von innerer Leere, Einsamkeit und zwanghaften Bedürfnissen zu kämpfen. Dieses Muster gleicht dem Versuch, sich den eigenen Hunger mit Hilfe von Gedanken auszureden! Zu diesem Zeitpunkt spürt die *Fünf* kaum noch ihre eigenen Gefühle auf direktem Weg, nur noch indirekt über eine lange Folge von Gedanken. Aus sicherer Distanz schauen *Fünfer* dann aus ihrem Elfenbeinturm schließlich arrogant auf sogenannte Gefühlsmenschen herab und fühlen sich diesen bei weitem überlegen. Dabei merken sie überhaupt nicht, dass sie sich langsam aber sicher von der Welt und damit vom Leben selbst abgekoppelt haben und so ein Leben in Gedanken, ein Leben aus zweiter Hand führen. Durch die Abspaltung von ihren Gefühlen erleben sie die Welt nur noch mittelbar und leben auf diese Weise ein *„Second-Hand-Leben"* ohne direkten Wirklichkeitsbezug, denn alle Wahrnehmungen gelangen zuvor durch den Filter ihres ausgeprägten Verstandes und erreichen sie somit nicht mehr direkt. Der grundlegende Bezug zur Realität geht schließlich verloren. Das kann schizoide und unberechenbare Formen im Sozialleben mit anderen zur Folge haben, mithin erleben wir dann bei der **Fünf** aggressive Episoden, böse, höhnische Kommentare oder gar unberechenbare Zornesausbrüche und sonstige Gewalttätigkeiten. Auch können **Fünfen** im stark dekompensierten Zustand seltsame Phobien (z.B. von unsichtbaren Objekten wie Keimen etc.) entwickeln und gar Ausbrüche von akuter Paranoia zeigen, also schwere psychische Störungen mit Wahnvorstellungen. Verrücktheit und Wahnsinn bilden dann die Endstadien im psychischen Bereich. Diese ganze Entwicklung des **Enneatyps 5** in Richtung tiefer Unbewusstheit ist dabei stets geprägt von den defensiven Selbstschutztendenzen der Isolation, des distanzierten Beobachtens aus der Ferne und des Hortens von materiellen und immateriellen Dingen. Sind die Angehörigen dieses Typs also relativ bewusst, sind sie analytisch veranlagt, ausdauernd, empfindsam, klug, objektiv, tiefblickend und selbstgenügsam. Relativ unbewusste **Fünfer** können hingegen überheblich, geizig, stur, distanziert, kritisch, negativ eingestellt und nicht durchsetzungsfähig sein.

Enneagrammtyp 6 (Der Der Loyale, der Vorsichtige, der Ängstliche, der Zweifler, der Zögernde, der Fragensteller, der loyale Skeptiker, der Mutige)

Ängste (Sorgen, Befürchtungen) manifestieren sich in Unsicherheit, Zweifel (Skepsis) und Strategien der Angstvermeidung: Die **Sechs** ist der ängstlichste aller Enneatypen. Menschen mit dieser Sechser-Fixierung sind sich der allgemeinen und speziellen Gefahren des Lebens in besonderem Maße bewusst. Sie sind daher stets auf der Hut vor den Gefahren, die unter alltäglichen Erscheinungen des Lebens lauern können. Es gibt zwei Ausprägungen der **Sechs**: Phobisch und kontraphobisch. Ihre Reaktionen mit Angst umzugehen können derart unterschiedlich sein, dass man meint, man habe es mit unterschiedlichen Enneagrammtypen zu tun. Wenn die *phobische* **Sechs** Gefahr wittert, wird sie wachsam, vorsichtig, zieht sich zurück oder wird passiv, neigt dann zur Konformität und/oder Ambivalenz und dabei immer mit dem Ziel, mögliche Angriffe auf sich selbst zu vermeiden. Die *phobische* **Sechs** kann dabei charmant, bescheiden und sanftmütig wirken. Wenn hingegen die *kontraphobische* **Sechs** eine Gefahr spürt, reagiert sie aktiv, z.B. indem sie die Gefahr noch absichtlich provoziert. Sie geht dann nach außen und handelt aggressiv gegen die Gefahr und ihre innerlich gespürte Angst, will die gefährliche Situation in den Griff bekommen, bevor diese sie in den Griff bekommt und bevor die Angst sie überwältigt. Die *kontraphobische* **Sechs** wirkt dabei vor allem hart und herausfordernd und erinnert dann an das Verhalten des Enneagrammtyps der *Acht*, mit der diese **Sechs** dann häufig verwechselt wird. Manche **Sechser** sind absolut phobisch oder kontraphobisch, aber die meisten **Sechser** tendieren eine Zeit lang zur phobischen Natur, um dann für einen weiteren längeren oder auch kürzeren Zeitraum eher kontraphobisch zu agieren. Dahinter scheint ein gewisses Muster zu stecken, nach welchem die *phobische* **Sechs** früher oder später aufgrund ihrer stark zunehmenden Ängste aktiv kontraphobische Strategien entwickeln muss, um zu überleben oder zumindest ihren Alltag zu bewältigen. Dabei ist die eine passive Strategie der phobischen **Sechs** nicht besser oder schlechter als die aktive Strategie der kontraphobischen **Sechs**. Grundlage beider Ausprägungen ist jedenfalls die tief verwurzelte Angst vor dem Leben im Innersten der **Sechs**, voller Zweifel an der Realität der Welt und ihren eigenen Instinkten. Sie widersetzen sich innerlich der Welt, um ein Gefühl von Kontrolle zu behalten, denn im Innersten spüren sie eine Ablehnung der Welt gegenüber ihnen, da ihnen das Urvertrauen und der Glaube an das Leben fehlt. Gesunde **Sechsen** wachsen zueinander, die *phobische* **Sechs** wird tendenziell mutiger und aktiver, während die *kontraphobische* **Sechs** ihr Schicksal besser akzeptieren lernt und ihre Aktivität auf ein gesundes Maß zurücknimmt. Sind die Angehörigen des ***Enneagrammtyps 6*** relativ bewusst, sind sie loyal, liebenswert, fürsorglich, warmherzig, mitfühlend, witzig, praktisch veranlagt, hilfsbereit und verantwortungsbewusst. Relativ unbewusste **Sechsen** sind hingegen übervorsichtig, herrschsüchtig, anmaßend, unvorhersehbar, paranoid, defensiv, rigide, reizbar und sich selbst im Wege.

Enneagrammtyp 7 (*Der Glückliche, der Begeisterte, der Fröhliche, der Vielseitige, der Lustorientierte, der Genießer, der Abenteurer, der Optimist, der Epikureer*)

Ängste (Sorgen, Befürchtungen) manifestieren sich in Völlerei, Leidvermeidung und Unmäßigkeit: **Siebenen** gehören zusammen mit den *Sechsen* und *Fünfen* des Enneagramms zu den Typen, die ängstlich auf das Leben reagieren. Während sich *Fünfen* vor Angst zurückziehen, *Sechsen* vor Angst zu Selbstzweifeln neigen oder eine misstrauische Haltung dem Leben gegenüber einnehmen, reagieren **Siebenen** auf ihre Ängste, indem sie diese eher unterdrücken oder ihnen entfliehen wollen. Sie versuchen, ihren Ängsten zu entfliehen, indem sie ihre Aufmerksamkeit auf positive Vorstellungen und Veränderungen in der Zukunft richten und zukünftige Pläne schmieden oder den Schwerpunkt auf Möglichkeiten in der Zukunft legen. Oft sind **Siebener** sehr kommunikationsbewusst, sehen häufig das Gute im Schlechten. Der **Typ 7** im gesunden Zustand lebt seine oft stark unterschiedlichen Interessen lebendig aus, ist multitalentiert und strahlt eine authentische Lebensfreude aus. Manchmal wirken sie ein wenig kindlich, ohne sofort kindisch zu sein. Sie können sich begeistern für alle Gaben des Lebens, seien sie groß oder auch klein. Viele gesunde **Siebenen** besitzen eine Mischung aus Charme und vielseitigem Interesse an den Dingen der Welt, sind kreativ und daran interessiert, neue Horizonte zu erblicken. Im gesunden Zustand sind sie sehr belastbar und können Verlust und Unglück psychologisch sehr gut verarbeiten. In sehr gesundem Zustand können sie auch die schmerzhaften Dimensionen des Lebens annehmen, was ihnen mehr Tiefe gibt und damit auch mehr echte Lebensfreude schenkt. Damit einhergehend wächst auch ihre Bereitschaft, entsprechende Verpflichtungen einzugehen, was dann zu mehr Struktur und einem besseren Überblick in ihrem Leben führt, in dem sie dann immer noch ausreichend Abwechslung den Bedürfnissen ihres Typs entsprechend finden können. Im kranken oder sehr unbewussten Zustand ist der **Typ 7** jedoch sehr anfällig dafür, den Schmerz in sich selbst und bei anderen zu vermeiden und tendiert zur Flucht aus der Realität heraus in Phantasiegebäude hinein. Jegliche Art von Verpflichtungen können dann für den ***Enneagrammtyp 7*** eine Art Gefangenschaft bedeuten, die er auf keinen Fall akzeptieren möchte und kann. So kontrolliert er seine Ängste und erhebt sie ins Geistige, indem er z.B. großen

Appetit für alle möglichen scheinbaren Freuden des Lebens entwickelt, beispielsweise Nahrung, Arzneimittel, Ideen, Aktivitäten, das Kennenlernen neuer Menschen, neue Erfahrungen sammeln, essen usw … . Doch in ihrem kranken Zustand können die Angehörigen dieses *Typs 7* diese ganzen Eindrücke leider nicht verdauen. So leben sie ständig in einer bedauernswerten Oberflächlichkeit und finden dabei einfach nicht zu ihrer eigenen, inneren Tiefe, weil sie das vermeintliche Glück in den Erscheinungen der äußeren Welt suchen. Sie verlieren sich also immer mehr in der Welt der Formen und verlieren damit zunehmend den Kontakt zu ihrer inneren Mitte und Struktur, ihrer Essenz. Die zunehmende Desillusionierung auf diesem Wege an der Oberfläche des Lebens ist jedoch in gewisser Weise heilsam, denn sie führt den *Typ 7* zwangsläufig immer wieder an den Pol des Armutsbewusstseins, an dem ihm - wenn auch nur kurzfristig - bewusst wird, wie viel Schmerz er doch in Wirklichkeit in sich trägt. Schafft er es, diesen Schmerz auf Dauer zu akzeptieren, kann Heilung sehr schnell stattfinden. Die ständig verdrängte Angst des *Enneatyps der 7* ist letztlich die Angst vor dem Tod. Das kann soweit gehen, dass der Patient es vermeidet, Dinge zu Ende zu führen, denn auch das Zuendeführen von Dingen bedeutet eine Art Tod für ihn, auch wenn ihm das gar nicht so bewusst sein mag. Im stark dekompensierten Zustand der *Sieben* löst sich schließlich die Grenze zwischen Realität und Phantasie drastisch auf. Grandiose Visionen wechseln sich immer häufiger mit der Verweigerung jeglicher Verantwortung gegenüber den Erfordernissen des Lebens ab. Sie verlieren so immer mehr die Realität aus den Augen, werden dann mitunter ungeduldig, ruhelos, chaotisch, wahnhaft, wild und explosiv. Die Tendenz zu ausgeprägtem Suchtverhalten bis hin zu manisch-depressiven Zyklen wird dann immer deutlicher. Sind die Angehörigen des *Enneagrammtyps 7* also relativ bewusst, sind sie fröhlich, spontan, einfallsreich, produktiv, begeisterungsfähig, schnell, zuversichtlich, charmant und vielseitig interessiert. Relativ unbewusste *Siebenen* sind hingegen im schlimmsten Fall narzisstisch, impulsiv, unkonzentriert, rebellisch, undiszipliniert, besitzergreifend, manisch, selbstzerstörerisch und extrem ruhelos.

Enneagrammtyp 8 *(Der Kämpfer, der Durchsetzungsstarke, der Dominante, der Aggressive, der Beschützer, der Herausforderer, der Mächtige, der Macher, der Energische)*

Aggressionen (Zorn, Wut, Ärger) manifestieren sich in Wollust, Gier und Machtansprüchen: **Achten**, *Neunen* und *Einsen* bilden in gewisser Weise ein weiteres „emotionales Trio", wobei die Emotion hier die unterschwellige Wut darstellt. Erinnern wir uns an das emotionale Trio der *Zweien, Dreien* und *Vieren*, bei denen eine Verwirrung darüber besteht, wer sie sind und wie sie fühlen. Das Trio der *Fünfen, Sechsen* und *Siebenen* reagiert in erster Linie ängstlich und ergreift aus dieser Emotion der Angst Maßnahmen zur Verbesserung ihrer Lebensumstände. **Achten**, *Neunen* und *Einsen* reagieren hingegen aus einer grundlegenden Emotion des Zorns und der Wut heraus, aber die größte Verwirrung bei ihnen besteht im Bereich des klaren Denkens. Die Grundlage der Probleme dieses weiteren emotionalen Trios von *Acht*, *Neun* und *Eins* liegt also im geistig-mentalen Bereich, hat dann aber unmittelbare Auswirkungen auf ihre Gefühle und ihre Handlungen in der Außenwelt. Diese drei Enneatypen **8**, *9* und *1* haben Schwierigkeiten mit ihren mentalen Konzepten der Wirklichkeit. Durch den

Schleier einer verzehrten geistigen Wahrnehmung neigt die **Acht** zu Narzissmus und der Notwendigkeit, in jedem Fall stark zu sein. Die *Neun* verliert schnell ihren geistigen Fokus und verliert sich dabei im Unwichtigen. Die *Eins* verzerrt die Wirklichkeit, indem sie mental versucht, die multidimensionale Wirklichkeit auf einfache moralische Kategorien zu reduzieren. Die Wut und der Zorn in der **Acht** resultieren aus dem Wunsch, stark zu erscheinen und auch stark zu sein. Alles im Leben der **Acht** ist letztlich auf dieses Verlangen gerichtet und die **Acht** mobilisiert ihren Willen zu diesem Zweck und ist sich dieser Stärke, ja dieses Gefühls von Macht, sehr bewusst. Währenddessen die *Neun* dazu neigt, ihre Wut nach außen hin zu begraben oder sie zumindest nur indirekt zu zeigen, drückt die *Eins* des Enneagramms diese Wut über das Urteilen und die Missbilligung anderer direkt und spürbar aus. Gesunde **Achten** sind oft dynamisch, stark und unabhängig. Dann können sie ihre Führungsstärke für konstruktive Lebenszwecke einsetzen. Viele der **Achten** haben natürlicherweise diesen tonangebenden Aspekt in ihrem Sein, können im besten Fall damit andere inspirieren und sich für den Schutz der Schwachen und die Gerechtigkeit im Allgemeinen einsetzen. Mit ihrem natürlichen Mut, Dinge anzufassen, können **Achten** im gesunden Zustand den Willen entwickeln, neue Ideen umzusetzen. Sie sind für gewöhnlich ehrlich, direkt und gehen mit energiereichem Elan an ihre Aufgaben heran, was auch immer sie versuchen zu unternehmen. Im ausgeglichenen Zustand sind **Achten** oft großzügig, können treue Freunde sein und schwächere Menschen unterstützen, gerade weil sie ganz tief in sich eine große Verletzlichkeit und Weichheit spüren oder auch nur intuitiv erahnen, welche sie ja unter der Fassade von Stärke und Unabhängigkeit verstecken. Werden sie dann in ihrer Außenwelt mit dem Thema von Schwäche und Verletzlichkeit in anderen Menschen konfrontiert, gehen sie sozusagen in Resonanz mit diesem Zustand der anderen und können dabei ihre Beschützerinstinkte und ihren ihnen innewohnenden Sinn für Gerechtigkeit aktivieren und sich für die Schwachen dieser Welt einsetzen, sofern sie sich selbst in einem relativ gesunden Zustand befinden. In unbeobachteten Momenten zeigen sie mitunter die Stärke der Sanftmut, die Liebe zur Natur oder die unschuldige Qualität im Verhalten eines Kindes. Gesunde **Achten** sind jedenfalls stark genug um freundlich zu sein, offen genug um innerlich berührt zu werden, sicher genug, um ihre Fehler einzugestehen und innerlich reich genug, um zu geben. Ungesunde oder unbewusste **Achten** neigen jedoch dazu, ihr natürliches Gefühl von Stärke in Form von Machtansprüchen gegenüber ihren Mitmenschen auszudrücken und auszuleben. Sind die Angehörigen des **Enneagrammtyps 8** also relativ bewusst, sind sie direkt, maßgebend, loyal, energisch, erdnah, Beschützer und voller Selbstvertrauen. Relativ unbewusste **Achten** sind hingegen im schlimmsten Fall rebellisch, herrisch, gefühllos, anmaßend, egozentrisch, kontrollierend, skeptisch, geizig und aggressiv.

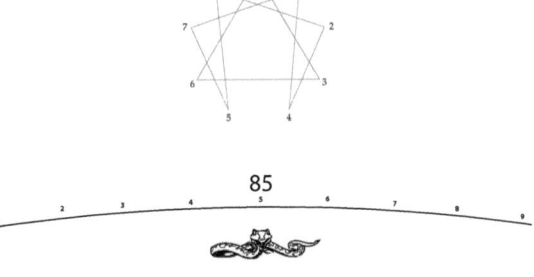

Enneagrammtyp 9 *(Der Harmonische, der Streitschlichter, der Konfliktvermeidende, der Bescheidene, der Bequeme, der Friedliebende, der Vermittler, der Sanfte, der Träge)*

Aggressionen (Zorn, Wut, Ärger) manifestieren sich in Trägheit, Bequemlichkeit und Konfliktvermeidung durch Harmoniestreben: **Neunen** neigen grundsätzlich wie alle anderen Menschentypen des Enneagramms auch einmal zu Aggressionen. Doch diese negativen Emotionen werden nicht direkt nach außen gelebt, sondern verbleiben unter der Oberfläche und sind der **Neun** oftmals überhaupt nicht bewusst. Ihre zentrale und defensive Lebensstrategie besteht darin, Gefühle der Wut und des Zorns ins Unterbewusste zu verfrachten, um sich so den Erfordernissen ihrer Umwelt anzupassen. Die **Neun** verbirgt dabei ihre Ecken und Kanten und alle sonstigen scheinbar unangenehmen Persönlichkeitsanteile. Sie geht dabei zuweilen derartig radikal vor, dass ihre Persönlichkeit von anderen überhaupt nicht mehr wahrgenommen wird, d.h. andere Menschen übersehen sie einfach. Natürlich können verdrängte Wesensanteile der Persönlichkeit auf Dauer nicht unterdrückt werden und so kommt die aufgestaute Wut der **Neun** längerfristig auf indirekte Art und Weise in Form ihrer Lebensumstände und/oder in Form von Krankheit wieder zum Vorschein. Da die **Neun** dazu neigt, die Schattierungen ihrer Umwelt anzunehmen, gibt es eine verwirrende Vielfalt von Menschen mit diesem **Neuner-Muster**, die sich oberflächlich betrachtet alle sehr voneinander unterscheiden mögen. Allen gemeinsam ist jedoch eine deutliche Tendenz zur Unfähigkeit, ihre realen inneren Bedürfnisse zu erkennen und danach ihr Leben zu gestalten. Daher ist es bei der Identifizierung dieses Enneagrammtyps hilfreich, sich bewusst zu machen, den Fokus eher auf die Abwesenheit besonderer Persönlichkeits -und Wesensanteile zu legen als auf bestimmte, offensichtlich zu erkennende Qualitäten und Faktoren des Menschen. Aufgrund dieser oft fehlenden charakteristischen Erkennungsmerkmale, wie wir sie bei den anderen *Enneagrammtypen 1 - 8* oft viel deutlicher wahrnehmen können, werden die **Neunen** manchmal als das *„gemeine Volk"* des Enneagramms bezeichnet. Stehen Entscheidungen im Leben an, tun sie sich sehr schwer damit, weil sie aufgrund ihrer neutralen und gut beobachtenden Wahrnehmung immer sowohl die Vor- als auch die Nachteile sehen. Anstatt die Dinge in Angriff zu nehmen, die gerade anstehen und wichtig erscheinen, beschäftigen sie sich aufgrund innerer Widerstände in diesem Fällen oftmals mit lauter unwichtigen Dingen. Es fällt ihnen immer sehr schwer, anderen Menschen die „Stirn zu bieten", eher gehen sie zwischenmenschlichen Unstimmigkeiten lieber aus dem Weg. Sie mögen es überhaupt nicht, wenn andere Menschen ihnen sagen möchten, was sie zu tun haben. Dann werden sie oft sehr bockig und verweigern sich mitunter vollständig dem Gegenüber. Gegen jegliche Machtansprüche reagieren sie äußerst empfindlich, weil diese ihnen ihre eigene Ohnmacht bewusst machen, sich gegenüber diesen zu behaupten. Auch Kritik gegenüber reagieren sie sehr empfindlich und nehmen sie schnell zu persönlich. Gesunde **Neunen** besitzen eine tiefe persönliche Bescheidenheit und eine elegante Einfachheit im Denken. Sie sind ausgeglichen, emotional stabil, nichturteilend und man fühlt sich in ihrer Anwesenheit einfach sehr gut aufgehoben, weil dieser Typ im bewussten Zustand sein Ego weitestgehend transzendiert hat. Es bestehen somit nur sehr wenige egoistische Ansprüche gegenüber den Mitmenschen, sodass diese sich in der Gesellschaft der gesunden **Neun** frei und angenommen fühlen.

Die gesunde **Neun** lebt in der Gegenwart und kann dort trotz ihrer ruhigen Art in ausgelassener Stimmung durchaus wie eine fröhliche *Sieben* wirken. Doch die Aufmerksamkeit der gesunden *Sieben* richtet sich tendenziell immer auf die Zukunft, die der gesunden **Neun** aber auf die Gegenwärtigkeit des Augenblicks. Im gesunden oder bewussten Zustand sind **Neunen** gute und aufgeschlossene Diplomaten und Mediatoren, die sehr geschickt, dynamisch, mitfühlend und geduldig in der Konfliktlösung sein können, die ihnen im unbewussten Zustand so schwer fällt. Ungesunde oder auch unbewusste **Neunen** neigen hingegen dazu, sich vor der Welt zu verbergen und ähneln darin der *Fünf*. Mitunter verschmelzen sie blind mit den Wünschen anderer und spielen die Rollen, die ihre Umwelt ihnen angeblich abverlangt. Dabei negieren sie ihre eigenen Bedürfnisse, Prioritäten und Ziele manchmal vollständig und verharren so in einer scheinbaren friedfertigen Ruhe ohne eigene Meinung oder eigenen Willen. Je mehr sie sich dabei in eine Abwesenheit dem Leben selbst gegenüber manövrieren, desto passiver, unkonzentrierter und ambivalenter verhalten sie sich der Umwelt und den wichtigen Dingen des Lebens gegenüber. Immer mehr konzentrieren sie sich dann auf irrelevante Details und verlieren sich vor lauter Bäumen im Wald. Dabei werden sie zunehmend unentschlossener, sturer und apathischer und ziehen sich vor ihren Mitmenschen immer mehr zurück, weil sie der Konfrontation und der Verärgerung der Umwelt aus dem Weg gehen wollen. Sie haben Probleme, offen „Nein" zu sagen und reagieren stattdessen auf bestimmte Situationen mit großen inneren Widerständen durch stille Sturheit und passive Aggression. Sie geben dabei nicht selten anderen die Schuld für ihr gefühlsmäßig „nicht gelebtes Leben". In der Tiefe versteckt sich bei ungesunden **Neunen** eine wütende, depressive Form von Nihilismus und innerer Leere und sie empfinden ihr Leben im fortgeschrittenen Krankheitszustand schließlich als fruchtlos und sinnentleert. Sie vernachlässigen sich dann immer mehr selbst in einer Art von träger Selbstvergessenheit, Gleichgültigkeit, Taubheit und Gefühllosigkeit dem Leben gegenüber, reden unaufhörlich über belanglose Angelegenheiten oder verharren stumm in fauler Lethargie. Durch ihre zunehmende Tendenz, Konflikte zu vermeiden, provozieren sie sie in Form eigener Gefühlsausbrüche und distanzierter Gemeinheiten und verlieren immer mehr das Gefühl für Verantwortung und Konsequenz in ihren eigenen Handlungen. All das kann in Drogen- und Alkoholabhängigkeiten sowie einer Sehnsucht nach dem Tode münden. Sind die Angehörigen des **Enneagrammtyps 9** also relativ bewusst, sind sie freundlich, friedlich, großzügig, geduldig, aufgeschlossen, diplomatisch, offen und mitfühlend. Relativ unbewusste **Neunen** sind hingegen im schlimmsten Fall abgehoben oder abgedreht, vergesslich, stur, grüblerisch, apathisch, passiv-aggressiv, urteilend, unentschlossen, träge und lethargisch.

Die 9 Enneatypen, ihre wahre Transformation (3.) und ihr spezifisches homöopathisches Heilmittel (4.)

Anmerkung: Die fachgerechte Einnahme des passendsten homöopathischen Heilmittels (4) in der richtigen Dosierung hilft enorm bei der enneagrammatischen Transformation (3), also Geduld statt Zorn bei Typ 1, Liebe statt Stolz bei Typ 2, Wahrhaftigkeit statt Eitelkeit bei Typ 3, Echtheit statt Neid bei Typ 4, Offenheit statt Geiz bei Typ 5, Mut statt Angst bei Typ 6, Nüchternheit statt Völlerei bei Typ 7, Güte statt Wollust bei Typ 8 sowie Verantwortung statt Trägheit bei Typ 9.

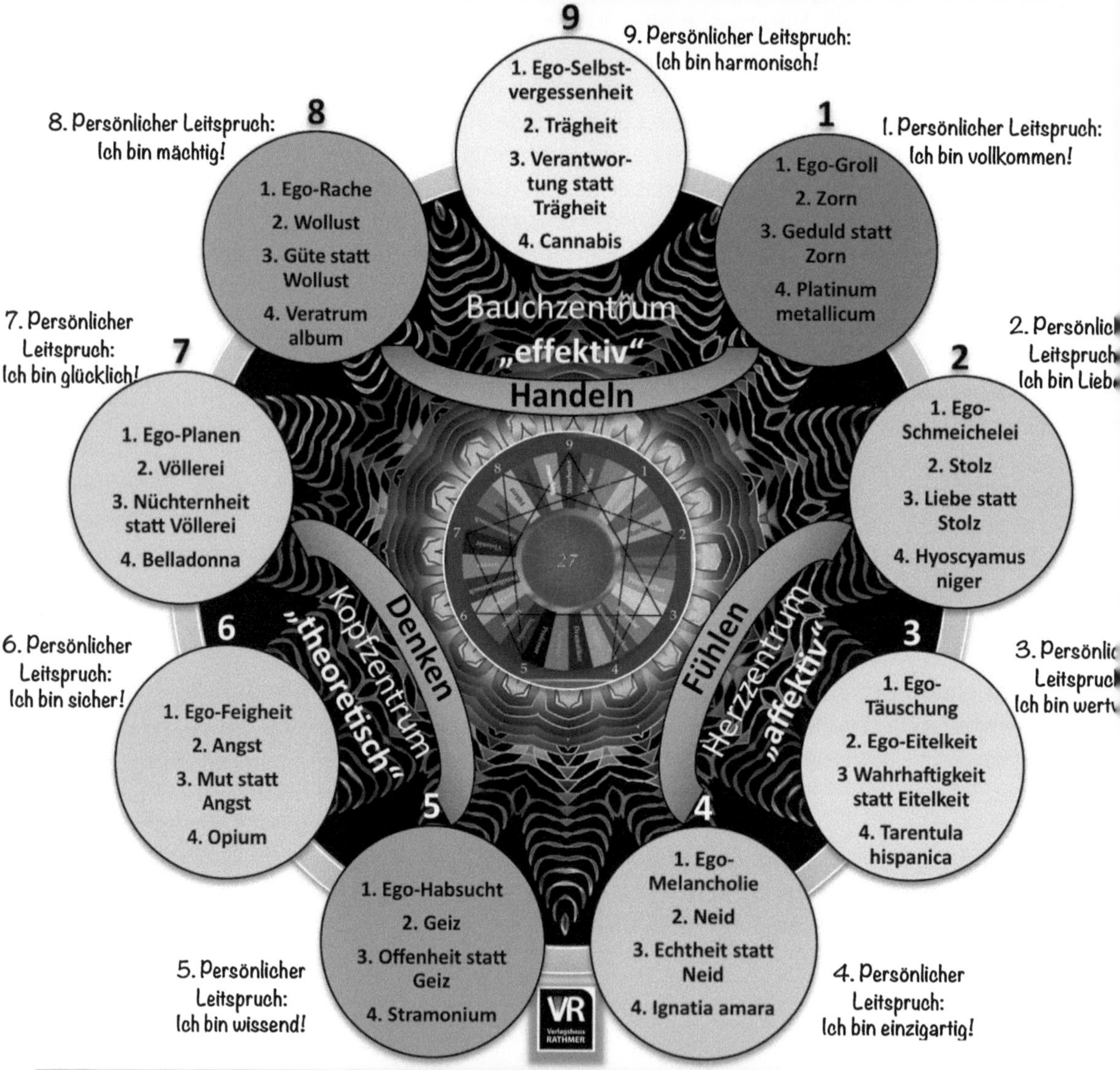

9

9. Persönlicher Leitspruch: Ich bin harmonisch!

1. Ego-Selbstvergessenheit
2. Trägheit
3. Verantwortung statt Trägheit
4. Cannabis

8

8. Persönlicher Leitspruch: Ich bin mächtig!

1. Ego-Rache
2. Wollust
3. Güte statt Wollust
4. Veratrum album

1

1. Persönlicher Leitspruch: Ich bin vollkommen!

1. Ego-Groll
2. Zorn
3. Geduld statt Zorn
4. Platinum metallicum

Bauchzentrum „effektiv" Handeln

7

7. Persönlicher Leitspruch: Ich bin glücklich!

1. Ego-Planen
2. Völlerei
3. Nüchternheit statt Völlerei
4. Belladonna

2

2. Persönlicher Leitspruch: Ich bin Liebe

1. Ego-Schmeichelei
2. Stolz
3. Liebe statt Stolz
4. Hyoscyamus niger

6

6. Persönlicher Leitspruch: Ich bin sicher!

1. Ego-Feigheit
2. Angst
3. Mut statt Angst
4. Opium

Kopfzentrum „theoretisch" Denken

Herzzentrum „affektiv" Fühlen

3

3. Persönlicher Leitspruch: Ich bin wertv

1. Ego-Täuschung
2. Ego-Eitelkeit
3. Wahrhaftigkeit statt Eitelkeit
4. Tarentula hispanica

5

5. Persönlicher Leitspruch: Ich bin wissend!

1. Ego-Habsucht
2. Geiz
3. Offenheit statt Geiz
4. Stramonium

4

4. Persönlicher Leitspruch: Ich bin einzigartig!

1. Ego-Melancholie
2. Neid
3. Echtheit statt Neid
4. Ignatia amara

VR Verlagshaus RATHMER

Im Innenkreis: Die drei **Intelligenzzentren KOPF** (Typen 5, 6, 7), **HERZ** (Typen 2, 3, 4) & **BAUCH** (Typen 8, 9, 1): Liegt der Schwerpunkt in deinem Leben im *Denken, Fühlen oder Handeln*, bist du also ein *Kopf-, Herz- oder Bauchmensch?* Diese Frage lässt sich nur im Zusammenhang mit der jeweiligen **LEIDENSCHAFT** des Enneagrammtyps (1. Zorn, 2. Stolz, 3. Eitelkeit, 4. Neid, 5. Geiz, 6. Angst, 7. Völlerei, 8. Wollust, 9. Trägheit) und der entsprechenden INTRINSISCHEN MOTIVATION (1. Perfektion, 2. Liebe, 3. Erfolg, 4. Individualität, 5. Wissen, 6. Sicherheit, 7. Lebensfreude, 8. Macht, 9. Harmonie) abschließend beantworten.

8. Weiterführende und ergänzende Literatur des Autors aus dem Verlagshaus Rathmer

- **Enneagramm-Homöopathie** - *Heilung auf der tiefsten Ebene des Menschseins/Krankseins* Grundlagenband zur Enneagramm-Homöopathie, Band 1, 136 Seiten, broschiertes Taschenbuch, Verlagshaus Rathmer, Billerbeck, 1. Auflage Mai 2019
- **Enneagramm-Homöopathie Band 2** - *Heilung auf der tiefsten Ebene des Menschseins/Krankseins* Ganzheitliche Heilung nach der Enneagramm-Homöopathie, Band 2, 152 Seiten, broschiertes Taschenbuch, Verlagshaus Rathmer, Billerbeck, 1. Auflage Mai 2019
- **Wer du wirklich bist** - *Enneagramm-Wissen in farbigen Schaubildern* (Mit Enneagramm-Diagnose-Test), 300 Seiten, Taschenbuch, broschiert, Verlagshaus Rathmer, Billerbeck, März 2015
- **Die 27 Persönlichkeiten des Enneagramms** - *Erkenne deinen Persönlichkeitstyp im Spiegel des Enneagramms!* (27 Charakterprofile als Ausdruck der menschlichen Natur), 88 Seiten, broschiertes Taschenbuch, E-Book, Verlagshaus Rathmer, Billerbeck, 2. Auflage, August 2018
- **Rathmer`s Enneagramm-Typentest** - *Kompakter Persönlichkeitstest zur Bestimmung des eigenen Enneagrammtyps (Enneatyps/Untertyps/Trityps)* 52 Seiten, broschiertes Taschenbuch, E-Book, Verlagshaus Rathmer, Billerbeck, Dezember 2017
- **Die Praxis der Typbestimmung** (Sämtliche 36 Typen-Vergleiche zur präzisen und zuverlässigen Bestimmung des Enneagrammtyps unter Berücksichtigung der 27 Untertypen des Enneagramms), 168 Seiten, wahlweise gebundene Ausgabe mit Lesebändchen oder broschiertes Taschenbuch oder E-Book, Verlagshaus Rathmer, Billerbeck, September 2018
- **Rathmer`s großes Enneagramm-Lexikon von A-Z** (Ein Nachschlagewerk über die 9 Enneatypen inklusive der 27 Untertypen und der 27 Tritypen), 356 Seiten, wahlweise gebundene Ausgabe mit Lesebändchen oder broschiertes Taschenbuch oder E-Book, Verlagshaus Rathmer, Billerbeck, Mai 2017
- **Die ewige Suche nach Vollkommenheit, Liebe, Erfolg, Individualität, Wissen, Sicherheit, Lebensfreude, Macht, Harmonie** - Enneagramm-Kalenderreihe: Für jeden Enneagrammtyp einen speziellen sog. ewigen Kalender, der zeitlos schön jeden Monat die wichtigsten Themen ästhetisch und tiefgründig in lebendigen Bildern darstellt, denn ein Bild sagt mehr als tausend Worte, 12 stimmungsvolle Kalenderseiten & eindrucksvolles Deckblatt, A4-Querformat, matt, 21 x 30 cm, Spiralbindung mit Aufhänger, künstlerische Gestaltung: Detlef Rathmer, Verlagshaus Rathmer, April 2019
- **Die weltweit erste Enneagramm-Wandkalender (auch in englischer Sprache)/Tischkalender/Küchenkalender** - Enneagramm-Kalenderreihe: 13 universelle Enneagrammthemen werden hier ästhetisch anspruchsvoll, lehrreich und ausdrucksstark dargestellt, 12 lehrreiche Kalenderseiten & eindrucksvolles Deckblatt, welche die wichtigsten Prinzipien des Enneagramms übersichtlich darstellen, verschiedene Formate: 1. Wandkalender A4-Hochformat, matt, 21 x 30 cm 2. Wandkalender A3-Hochformat, matt, 42 x 30 cm 3. Tischkalender quadratisches Format, matt, 14 x 14 cm 4. Küchenkalender A4-Hochformat, matt, 13 x 30 cm 5. Wandkalender A4-Hochformat in englischer Sprache: „The Eternal Enneagram Calendar", matt, 21 x 30 cm; Spiralbindung mit Aufhänger, künstlerische Gestaltung: Detlef Rathmer, Verlagshaus Rathmer, April 2019
- **Der ewige Kalender der Naturwunder** - Spektakuläre, stimmungsvoll grandiose Naturaufnahmen, die auf einzigartige Weise die Schönheiten der Natur unseres Planeten imposant in einer ästhetisch formvollendeten Weise mit darstellen, qualitativ hochwertiges Druckverfahren, ein immerwährender Wandkalender, 21 x 30 cm, matt, Spiralbindung mit Aufhänger, künstlerische Gestaltung: Detlef Rathmer, Verlagshaus Rathmer, März 2019
- **Der ewige Kalender der Liebe** - Stilvoll und ausdrucksstark, abwechslungsreich auf die Jahreszeiten abgestimmt enthält dieser „Liebes-Kalender" jahrtausendealte Weisheiten um das große Thema der menschlichen Liebe mit eindrucksvollen Fotografien, ein wunderschönes Geschenk für einen geliebten Menschen, einen anderen oder sich selbst, qualitativ hochwertiges Druckverfahren, immerwährender Wandkalender, 21 x 30 cm, matt, Spiralbindung mit Aufhänger, künstlerische Gestaltung: Detlef Rathmer, Verlagshaus Rathmer, März 2019
- **Der ewige Kalender der Selbsterkenntnis** - Jahrtausendealte zeitlose Lebensweisheiten in gelungener Komposition mit dazu passenden stimmungsvollen Fotografien, die täglich zu tiefgreifender Selbsterkenntnis führen, qualitativ hochwertiges Druckverfahren, immerwährender Wandkalender, 21 x 30 cm, matt, Spiralbindung mit Aufhänger, künstlerische Gestaltung: Detlef Rathmer, Verlagshaus Rathmer, April 2019
- **7 Wege zu dir selbst** - *Lebenskunst für den Alltag*, 115 Seiten, Taschenbuch, broschiert, Mankau-Verlag, Murnau a. Staffelsee, November 2008
- **Sei still und wisse - Ich bin GOTT!** - *Finde die heilsame Stille in Dir*, 76 Seiten, Taschenbuch, broschiert, Verlagshaus Rathmer, Billerbeck, Juli 2009

- **Rathmer`s Repertorium** - *Das große Repertorium der Geist-/Gemütsrubriken und deren Bedeutung in der Homöopathie*, 1568 Seiten, gebunden, Ledereinband, 5 Lesebändchen, Verlagshaus Rathmer, Billerbeck, Mai 2011 (auch als EBook Edition lizenziert im pdf-Format erhältlich)
- **Das große Enneagramm-Homöopathie Repertorium von A-Z** - *Eine facettenreiche Darstellung der Enneagramm-Homöopathie in Form von Gemüts-, Symbol- und Themenrubriken*, 392 Seiten, gebunden, 1 Lesebändchen, Verlagshaus Rathmer, Billerbeck, Oktober 2014 (auch als EBook Edition lizenziert im pdf-Format erhältlich)
- **Repertorium der hervorstechenden Gemütsrubriken** - *Differenzierung der 9 Enneagramm-Heilmittel in der Homöopathie*, 256 Seiten, gebunden, 1 Lesebändchen, Verlagshaus Rathmer, Billerbeck, September 2014 (auch als EBook Edition lizenziert im pdf-Format erhältlich)
- **Die Dynamik der 9 Enneagramm-Heilmittel** - *Die dynamischen Beziehungen zwischen den einzelnen Heilmitteln der Enneagramm-Homöopathie*, 280 Seiten, gebunden, 1 Lesebändchen, Verlagshaus Rathmer, Billerbeck, Oktober 2014 (auch als EBook Edition lizenziert im pdf-Format erhältlich)
- **Lehrbuch der Enneagramm-Homöopathie** in drei Bänden: **Band 1: Arzneimittellehre Typen I - IV**, 348 Seiten, Taschenbuch, broschiert, Verlagshaus Rathmer, Billerbeck, Februar 2013 (auch als EBook Edition lizenziert im pdf-Format erhältlich) **Band 2: Arzneimittellehre Typen V - IX**, 420 Seiten, Taschenbuch, broschiert, Verlagshaus Rathmer, Billerbeck, Februar 2013 (auch als EBook Edition lizenziert im pdf-Format erhältlich), **Band 3: Enneagramm-Homöopathie Repertorium**, 376 Seiten, Taschenbuch, broschiert, Verlagshaus Rathmer, Billerbeck, Februar 2013 (auch als EBook Edition lizenziert im pdf-Format erhältlich)
- **Der Kern der Heilmittel** - *Die zentralen Geist-/Gemütsrubriken der homöopathischen Arzneimittel/The central mind rubrics of the homoeopathic medicines*, homöopathische Arzneimittellehre, zweisprachig deutsch/englisch, 526 Seiten, gebunden, 1 Lesebändchen, Verlagshaus Rathmer, Billerbeck, Dezember 2011 (auch als EBook Edition lizenziert im pdf-Format erhältlich)
- **Homöopathische Arzneimittellehre der Single-Rubriken aus dem Geist-/Gemütsbereich** - *Das geistige Wesen der 500 wichtigsten Heilmittel in der Homöopathie*, 348 Seiten, Taschenbuch, broschiert, Verlagshaus Rathmer, Billerbeck, Juli 2009
- **Fallanalyse in der Homöopathie nach Sehgal** - *Autodidaktisches Lern- und Arbeitsbuch anhand von 36 Fällen aus der homöopathischen Praxis*, 320 Seiten, Taschenbuch, broschiert, Eva-Lang-Verlag, Worpswede, März 2008
- **Enneagramm-Homöopathie - Unterrichtsmaterial** - *20 Unterrichtseinheiten für das Selbststudium der Enneagramm-Homöopathie*, 376 Seiten, EBook Edition im pdf-Format, Verlagshaus Rathmer, 2016 (lfd. aktualisiert)
- **Das Unterrichtsskript zur Sehgal-Ausbildung** - *Unterrichtsmaterialien aus der Sehgal-Schule für das Eigenstudium der Sehgal-Methode*, 500 Seiten, EBook im pdf-Format, Verlagshaus Rathmer, 2012 (lfd. aktualisiert)
- **Gesetzeskunde für Heilpraktiker** *zur Vorbereitung auf die amtsärztliche Überprüfung beim Gesundheitsamt*, 208 Seiten, EBook Edition im pdf-Format, Verlagshaus Rathmer, August 2015.

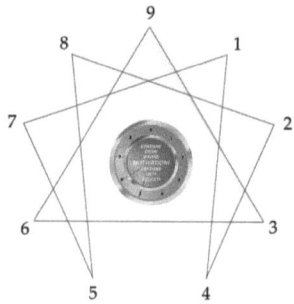

9. Weiterführende YouTube-Videos des Autors (292 Videos, Stand: Juli 2019)

- **Gemeinsamkeiten & Unterschiede der Enneagrammtypen - 36-teilige Lernvideo-Reihe** *(Differenzierende Betrachtungen sämtlicher 36 Vergleichskombinationen der 9 Enneagrammtypen, begleitend und vertiefend dazu dient das kompakte Typbestimmungsbuch **„Die Praxis der Typbestimmung"**)*

- **Enneagramm in 3 Minuten - Lernvideos** *(In nur 3 Minuten plus max. 59 Sekunden erklärt Enneagramm-Experte und Heilpraktiker Detlef Rathmer ein zentrales Lebensthema aller 9 Enneatypen anhand eines ausgewählten Schaubildes aus seinem Buch **„Wer du wirklich bist - Enneagramm-Wissen in farbigen Schaubildern"** oder eines Schaubildes aus seinem Unterricht)*

- **Die 27 Untertypen des Enneagramms - 27-teilige Lernvideo-Reihe** *(Enneagramm-Experte und Heilpraktiker Detlef Rathmer erklärt kurz und prägnant das Grundthema der jeweiligen 27 Untertypen anhand eines Schaubildes aus seinem Enneagramm-Unterricht oder seiner Enneagramm-Bücher, begleitend und vertiefend dazu dient das Buch **„Die 27 Persönlichkeiten des Enneagramms - 27 Charakterprofile als Ausdruck der menschlichen Natur - Erkenne deinen Persönlichkeitstyp im Spiegel des Enneagramms!"**)*

- ***Enneagramm - Weiterentwicklung & Transformation - Lernvideo-Reihe*** *(Hier werden notwendige und hilfreiche Entwicklungsschritte und -möglichkeiten der einzelnen 9 Enneagrammtypen anschaulich dargestellt, momentan noch im fortlaufenden Aufbau)*

- **Enneagramm-Homöopathie - mehrteilige Videoreihe** *(Hier werden interessante Themen rund um das Enneagramm, die Homöopathie und die Enneagramm-Homöopathie dargestellt, wird regelmäßig erweitert)*

- **Tipp:** *Abonnieren Sie den Youtube-Kanal von Detlef Rathmer, damit Sie kein zukünftiges Video mehr verpassen!*

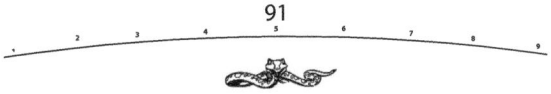

„Gesundheit ist gewiss nicht alles,
aber ohne Gesundheit ist alles nichts!"

(Arthur Schopenhauer, 1788 - 1860)

NATURHEILPRAXIS RATHMER
Praxis für Klassische Homöopathie

Detlef Rathmer
Heilpraktiker

Klassischer Homöopath
Dozent für Klassische Homöopathie
Prüfer beim Gesundheitsamt Recklinghausen
20-jährige Berufserfahrung (Stand: 2019)

Telefon: 02543 / 931 85 07

E-Mail: 9Rathmer@gmail.com

skype-Name: detlef.rathmer

Homepage:
www.psychologische-homoeopathie.de

Molkereiweg 9
48727 Billerbeck